Susanne Pypke

Wir retten die Bienen, Igel und Käfer!

Inhalt

18 Garden-Heroes der Lüfte

Deine Challenges

In diesem Buch findest du tolle Challenges, also kleine Aufgaben und Aktionen, die du allein, mit deinen Freunden, Geschwistern oder Eltern machen kannst. Dafür gibt es auf Seite 118 die Übersicht aller Challenges, in der du bereits erledigte Aufgaben abhaken kannst. Du kannst auch einen schönen Aufkleber auf das Kästchen kleben oder es ausmalen.

Hast du alles geschafft? Dann wartet deine Tierretter-Urkunde auf dich! Auf Seite 127 erfährst du, wie du deine Urkunde mithilfe des Downloadcodes herunterladen kannst. Hier findest du auch eine coole Überraschung zum Ausdrucken, die jeder Tierfreund stets bei sich haben sollte.

Samentüte

Damit du gleich loslegen kannst, liegt diesem Buch eine Saatmischung für eine bunte Bienenwiese bei, die du am besten im Freiland im Garten oder in einem großen Balkonkasten aussäst. Die Anleitung findest du auf der Rückseite deiner Saatmischung.

Vorwort

Tiere sind die besten Freunde der Menschen. Seit Tausenden von Jahren beschützen sie uns, tragen sie unsere Lasten, wärmen und ernähren sie uns. Ohne die Hilfe unserer Haustiere wäre das Leben nicht so angenehm. Aber auch die Wildtiere sind lebenswichtig für uns. Tag und Nacht sind sie unermüdlich im Einsatz – zu Wasser, zu Land und in der Luft. Sie sortieren, kompostieren und räumen auf. Sie bauen, brüten und ziehen die Jungen auf. Sie mähen Gras, düngen, pflügen die Erde und säen Samen aus. Sie bekämpfen Schädlinge, jagen, sammeln und bestäuben. Damit leisten sie einen großen Beitrag für den Erhalt unserer Umwelt und den Kreislauf der Natur.

Die Tiere vollbringen bei ihrer Arbeit oft Erstaunliches. Eine Biene fliegt zum Beispiel an einem einzigen Tag rund 1.000 Blüten an und legt dabei über 60 km zurück. Eine Waldameise kann mehr als das Zehnfache ihres eigenen Körpergewichts frei tragen. Die schnellste Fledermaus der Welt jagt zielsicher mit 160 km/h durch die stockdunkle Nacht. Und der Faden, mit dem die heimische Gartenkreuzspinne ihr Netzt spinnt, ist stärker als Stahl.

Doch der Lebensraum unserer heimischen Wildtiere schwindet. Immer mehr freie Flächen werden bebaut und die Felder werden immer intensiver bewirtschaftet. Da bleibt immer weniger Platz für Meister Lampe, Herrn Igel und Co. Bestimmt hast du schon davon gehört, dass viele Tierarten, die in unseren Wäldern, Wiesen und Gärten zu Hause sind, bedroht sind. Es ist höchste Zeit, dass wir Menschen zu Freunden der Tiere werden, dass wir ihnen etwas zurückgeben und ihnen helfen!

Vieles ist möglich. Wir müssen nur etwas tun. Und genau darum geht es in diesem Buch. Es zeigt dir, welche Tiere in deiner Nachbarschaft wohnen, wie sie leben und was du für sie tun kannst. Tierschutz fängt schon im Kleinen an, wenn du ein Beet mit pollen- und nektarreichen Blumen für Bienen und Schmetterlinge anlegst oder Spinnen, die sich ins Haus verirrt haben, sanft vor die Tür setzt. Mit den spannenden Projekten, Bastelideen und Aktionen wirst du zum Naturentdecker und Tierretter. Du kannst gleich loslegen!

Viel Spaß beim Kennenlernen deiner tierischen Nachbarn und auf gute Freundschaft!

Susanne Pypke

Ein Herz für Wildtiere

Sie leben mitten unter uns. Vögel, Bienen und Schmetterlinge, aber auch Igel, Eichhörnchen und Fledermäuse wohnen in unseren Gärten, an und in unseren Häusern und in unseren Städten. Hier haben sie gefunden, was es in der freien Natur oft nicht mehr gibt: einen Lebensraum mit guten Verstecken, geeigneten Nistplätzen und ausreichend Nahrung. Aber auch in der Nähe der Menschen sind die Tiere oft nicht mehr sicher. Darum gelten inzwischen viele Tierarten, darunter auch Allerweltsvögel wie der Spatz, als bedroht.

Die bedrohten Tierarten werden in sogenannten Roten Listen geführt. Diese Listen werden regelmäßig von Experten erstellt und veröffentlicht. Sie zeigen an, wie es um die heimischen Wildtiere steht. Und leider geht es ihnen gar nicht gut. Fast die Hälfte unserer heimischen Tierarten gilt als gefährdet. Dafür gibt es viele Gründe. In den Wäldern gibt es immer weniger alte, hohle Bäume. Auf den Feldern verschwinden schützende Hecken, immer seltener sieht man Wiesen mit wilden Blumen und Kräutern. Landwirte bekämpfen mit Giftstoffen die Insekten und Beikräuter auf ihren Äckern. Die Gärten sind pflegeleicht und sauber aufgeräumt. Sanierte und gedämmte Häuser haben keine Ritzen und Spalten in den Mauern und bieten keinen Unterschlupf unterm Dach. Aber auch die Windkraft und der Ausbau der Straßen bedrohen die Tiere.

Es gibt viele Natur- und Tierschutzgruppen, die sich für die Tiere stark machen – zum Beispiel indem sie aufklären, Schutzgebiete für bedrohte Tierarten einrichten oder den Politikern immer wieder sagen, dass sie mehr für den Umweltschutz tun müssen. Aber auch jeder Einzelne kann helfen. Werde zum Tierschützer und rette die heimischen Wildtiere!

Schon mit wenigen Mitteln kannst du viel in deinem Garten erreichen (siehe nächste Seite). Und auch auf dem Balkon kannst du Vögeln und nützlichen Insekten Gutes tun, zum Beispiel mit einer Trinkstelle, einem Bienenhotel oder einer Futterstelle.

Welchen Tieren kann ich helfen?

Finde heraus, wer in deinem Garten oder auf deinem Balkon wohnt. Welche Insekten krabbeln dort? Wer fliegt durch die Luft? Wer kommt zum Fressen vorbei? Wer hinterlässt seine Spuren? Und welche Tiere gibt es in deiner Umgebung? Mit diesem Wissen kannst du ganz gezielt helfen, indem du diesen Tieren einen Platz zum Wohnen beziehungsweise Nisten oder Überwintern anbietest. Außerdem kannst du den Tieren etwas zum Fressen oder Trinken hinstellen.

TIPP
Wenn du noch mehr für den Tierschutz tun möchtest, kannst du dich mit anderen zusammentun. In Tier- und Naturschutzgruppen findest du Gleichgesinnte. Eine kleine Auswahl von Vereinen mit Kinder- und Jugendgruppen findest du auf Seite 119. Gemeinsam könnt ihr noch mehr erreichen.

Ein Gartenparadies für Wildtiere

Manche Gärten wirken selbst im Hochsommer leer und verlassen. Was ist da los? Warum summen keine Bienen? Warum flattern keine Schmetterlinge? Und warum singen keine Vögel? Die Antwort ist einfach: Viele Gärten sind einfach nicht für Tiere gemacht. Sie sind viel zu ordentlich und bieten den Tieren keinen Unterschlupf. Außerdem sind viele Beet- und Balkonpflanzen nur auf Schönheit gezüchtet. Ihre Blüten haben weder Pollen noch Nektar für die Insekten. Auch gepflegte Rasenflächen und exotische Gehölze bieten den Tieren keine Nahrung und keinen Lebensraum. Wenn du Tieren ein Zuhause geben möchtest, muss dein Garten naturnah gestaltet sein. Dazu braucht es eigentlich gar nicht viel. Du leistest schon einen großen Beitrag, wenn du nur ein paar der Ideen rechts umsetzt.

Wie viel Natur im Garten ist erlaubt?

Leider gibt es noch immer Menschen, die nicht verstehen, was ein naturnaher Garten ist. Sie ärgern sich, wenn der Rasen nicht jede Woche gemäht wird oder das Laub im Herbst liegen bleibt. Solange der Garten aber nicht verwahrlost, müssen es die Nachbarn oder der Vermieter hinnehmen.

Ein Gärtner mit Herz für Wildtiere ...

... pflanzt heimische Bäume, Sträucher und Stauden, die den Tieren Futter und Unterschlupf bieten. Super sind zum Beispiel Weißdorn, Efeu und Vogelbeere.

... schützt alte Bäume und erhält sie, solange es geht.

... verwandelt den grünen Rasen in eine Blumenwiese und sät Wildblumen aus.

... lässt beim Mähen immer einen Teil der Wiese stehen und mäht den Rest nur alle drei Wochen, damit die Wiese blühen kann.

... baut Blumen an, die besonders wertvoll für Bienen und Schmetterlinge sind.

... achtet darauf, dass es von Februar bis November im Garten oder auf dem Balkon blüht.

... verzichtet auf Blumenzüchtungen mit gefüllten Blüten. Die sehen zwar schön aus, haben aber keine Staubblätter mit Pollen und bieten auch keinen Nektar.

... lässt der Natur ein wildes Eck, wo Moos, Brennnesseln, Disteln und Wildkräuter ungestört wachsen können.

... bietet den Tieren eine Wasserstelle oder eine Pfütze mit Lehm an.

... baut eine Trockensteinmauer oder legt einen Steinhaufen mit Sandfläche an.

... benutzt keinen Laubsauger und keinen Mähroboter, da diese auf Insekten und Kleintiere keine Rücksicht nehmen.

... räumt den Garten im Herbst nicht auf, sondern lässt Laub, totes Holz und Pflanzenreste bis zum Frühling liegen, damit die Tiere darin überwintern können.

... bekämpft Schädlinge nicht mit Gift, weil das immer auch den anderen Tieren schadet.

... legt einen Komposthaufen an, der vielen Tieren ein Zuhause bietet und außerdem ein perfekter, biologischer Dünger ist.

Ein Recht auf Freiheit

Wildtiere sollen wilde Tiere bleiben. Darum stehen sie unter besonderem Schutz – auch wenn sie nicht gefährdet sind. Das heißt, dass du sie nicht stören, verletzen oder fangen und der Natur entnehmen darfst. Zu diesen Tieren gehören unter anderem der Igel, das Eichhörnchen und die Haselmaus, aber auch Fledermäuse, Singvögel, Lurche, Eidechsen, Hummeln und viele Schmetterlinge.

Du darfst ein wildes Tier also nicht zähmen und als Haustier halten. Wenn ein Tier hilflos, krank oder verletzt ist, darfst du es aber bei dir aufnehmen und pflegen. Sobald es wieder gesund ist und allein zurechtkommt, wilderst du es aus und entlässt es wieder in die Freiheit. Besonders bei jungen Tieren musst du darauf achten, dass sie sich nicht zu sehr an dich gewöhnen. Sonst können sie später nicht mehr mit ihren Artgenossen zusammenleben.

Grundausstattung für Tierretter

Ein Tierretter muss sich in der Natur gut auskennen. Dafür musst du raus und zum Forscher und Entdecker werden – und natürlich zum Gärtner. Mach dir doch eine praktische Schürze für deine Streifzüge durch die Natur (siehe Seite 10). Da packst du dann alles rein, was ein richtiger Tierretter unbedingt braucht:

- ✿ Beobachtungsglas oder Becherlupe (eine Anleitung zum Selbermachen findest du auf Seite 12)
- ✿ Stift und Papier für Notizen, Zeichnungen, Botschaften
- ✿ etwas Schnur, um Sachen aufzuhängen oder anzubinden
- ✿ Kinder-Taschenmesser
- ✿ Pinzette

- ✿ Blumensamen oder leere Saattüten, um Samen zu sammeln
- ✿ Stofftuch zum Abtrocknen, als Unterlage oder zum Einpacken von Fundstücken
- ✿ kleine Schaufel zum Buddeln
- ✿ Fotoapparat zur Dokumentation deiner Beobachtungen und Entdeckungen

TIPP
Mit einem Pinsel kannst du ganz kleine oder zarte Insekten aufnehmen oder in die Becherlupe fegen.

Grundwissen für Bastler

Vorlagen übertragen

Mach eine Kopie der Vorlage in Originalgröße und schneide sie aus. Lege die ausgeschnittene Vorlage auf das Material, aus dem du sie ausschneiden möchtest, und umfahre sie mit einem Stift. Schon ist die Vorlage übertragen.

Innenlinien oder Vorlagen mit feinen Details überträgst du am einfachsten, indem du die Linien auf der Rückseite mit Bleistift schraffierst. Lege die Vorlage dann mit der Vorderseite nach oben auf das Werkstück und ziehe die Linien mit einem spitzen Stift kräftig nach.

Tipps für Umwelt und Tiere

❀ Basteln statt wegwerfen: Bei vielen Bastelideen in diesem Buch kommen ganz bewusst leere Verpackungen oder alte Sachen zum Einsatz. Das schont die Umwelt, weil weniger Müll entsteht.

❀ Verwende Klebstoffe ohne Lösemittel. Das ist besser für Mensch und Natur.

❀ Verwende Farben und Lacke, die für die Tiere nicht giftig sind. Gut geeignet sind zum Beispiel Kinder-Bastelfarben. Im Baumarkt erkennst du unbedenkliche Farben an Umweltsiegeln wie Blauer Engel und natureplus oder an der Kennzeichnung „Für Kinderspielzeug geeignet".

❀ Statt Klarlack kannst du auch natürliches Leinöl verwenden, um Holz wetterfest zu machen.

❀ Achte darauf, dass du nur unbehandeltes Holz zum Basteln verwendest. Holzschutzmittel sind für Tiere und Insekten giftig.

Deine Grundausstattung

Diese Gerätschaften und Hilfsmittel solltest du zur Hand haben:

❀ Bleistift
❀ Radiergummi
❀ Anspitzer
❀ Bastelunterlage oder Zeitungspapier
❀ Lineal und Geodreieck®
❀ Schere
❀ Schale mit Wasser (zum Reinigen von Pinseln)
❀ altes Tuch

❀ Mit Holz aus nachhaltiger Forstwirtschaft leistest du zusätzlich einen Beitrag zum Umweltschutz. Du erkennst es am FSC®-Siegel.

❀ Achte darauf, dass sich die Tiere an deinen Bastelarbeiten nicht verletzen können. Spitze Drähte, Schrauben oder Nägel sind gefährlich. Du kannst sie mit einer Feile glätten.

❀ Mit Alunägeln kannst du Nistkästen oder Futterhäuser sicher an einen Baum hängen. Alunägel sind baumfreundlich. Nägel aus Kupfer oder rostigem Eisen sind dagegen giftig.

TIPP

Wenn der Bund der Schürze zu kurz ist, kannst du ihn mit einem Haargummi verlängern. Dazu das Gummi im Knopfloch oder an der Öse einhängen. Zum Schließen das Gummi über den Knopf oder den Haken ziehen.

Praktische Schürze

für Tierretter und Naturschützer

1. Zuerst schneidest du die Hosenbeine entlang der inneren Beinnaht auf. Beginne einfach unten an einem Hosenbein und schneide immer entlang der Naht, bis du am anderen Bein unten ankommst.

2. Nun schneidest du die Hose an der Mittelnaht auseinander. Den Bund der Hose lässt du aber ganz. Du brauchst ihn als Bindeband für deine Schürze.

3. Schneide den Hosenschlitz und ein Hosenbein am Bund entlang ab. Die losen Gürtelschlaufen kannst du einfach mit der Schere oben abschneiden.

4. Aus dem zweiten Hosenbein schneidest du wie im Schnittplan auf Seite 121 gezeigt die Schürze zu. Zeichne die Schnittlinie dafür am besten mit einem Stift an und achte darauf, dass die Hosentaschen ganz bleiben.

5. Falte das vorgefaltete Schrägband noch einmal der Länge nach in der Mitte und öffne es wieder. Bestreiche es auf der Innenseite mit Textilkleber und klebe es um die Schnittkante der Schürze. Gut andrücken und trocknen lassen.

6. Schneide mithilfe der Vorlage den Bienenkörper und die Flügel aus den Stoffresten aus und klebe sie auf die Schürze. Trage den Kleber dazu gut bis zum Rand auf. Male zwei kleine Fühler, ein Auge und zwei Streifen mit dem Stoffmalstift auf. Eine schwarze Kontur lässt die Biene plastischer erscheinen.

Du brauchst

- ✿ alte Jeanshose, ungefähr in deiner Kleidergröße
- ✿ Schrägband in Grün, ca. 1 m lang
- ✿ Stoffreste in Weiß und Gelb
- ✿ feiner Stoffmalstift in Schwarz
- ✿ Stoffschere
- ✿ Textilkleber

Vorlage Seite 120
Schnittplan Seite 121

Beobachtungsglas

entdecke die kleinen Wunder der Natur

1. Lege den Deckel auf die Klebefilmrolle, damit er sich nicht verbiegt, und schlag mit Hammer und Kreuzschlitzschraubenzieher zwei Löcher in den Deckel.

2. Weite die Löcher etwas mit dem Schraubenzieher, sodass der Gummischlauch gerade hindurch passt. Achte dabei darauf, dass du dich nicht an den scharfen Kanten auf der Unterseite schneidest.

3. Klopfe die scharfen Kanten mit dem Hammer flach. Dann kannst du den Deckel außen mit dem Buntlack anmalen. Gut trocknen lassen.

4. Klebe den Baumwollstoff mit dem extrastarken Textilklebeband um das untere Ende des kurzen Schlauchs. Dadurch können keine Tiere hineingelangen, wenn du später Luft ansaugst.

5. Stecke die Schläuche durch die Löcher und klebe sie oben und unten mit Textilklebeband fest. Das geht einfacher, wenn du das Klebeband an einer Seite in kleinen Abständen etwas einschneidest.

6. Eine zusätzliche Markierung aus Textilklebeband am oberen Ende des kürzeren Schlauches hilft dir, dass du die beiden Schläuche später nicht verwechselst. Schraub den Deckel aufs Glas und los geht's!

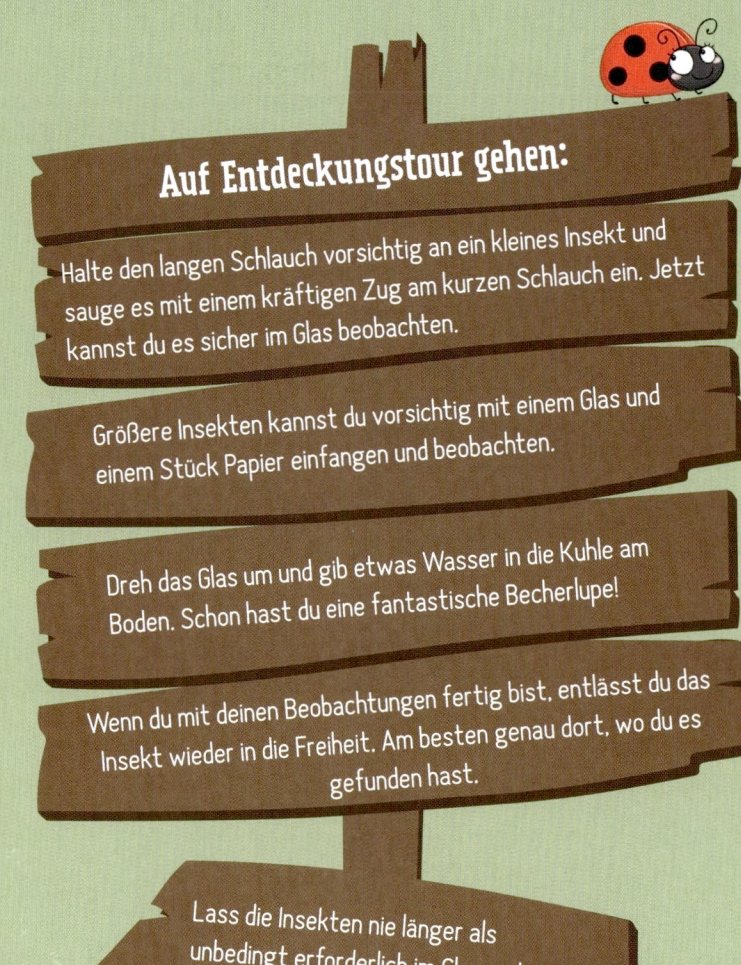

Auf Entdeckungstour gehen:

Halte den langen Schlauch vorsichtig an ein kleines Insekt und sauge es mit einem kräftigen Zug am kurzen Schlauch ein. Jetzt kannst du es sicher im Glas beobachten.

Größere Insekten kannst du vorsichtig mit einem Glas und einem Stück Papier einfangen und beobachten.

Dreh das Glas um und gib etwas Wasser in die Kuhle am Boden. Schon hast du eine fantastische Becherlupe!

Wenn du mit deinen Beobachtungen fertig bist, entlässt du das Insekt wieder in die Freiheit. Am besten genau dort, wo du es gefunden hast.

Lass die Insekten nie länger als unbedingt erforderlich im Glas und stelle das Glas mit Insekten nicht in die heiße Sonne.

Du brauchst

❀ Einmachglas mit Schraubdeckel
❀ transparenter Gummischlauch, ø 8 mm,
  15 cm und 25 cm lang
❀ leichter Baumwollstoff, 4 cm x 4 cm
❀ extrastarkes Textilklebeband
❀ Buntlack in Hellgrün
❀ Klebefilmrolle oder etwas Ähnliches
❀ dicker Kreuzschlitzschraubenzieher
❀ kleiner Hammer
❀ Pinsel

Feuerwanze

Schwimmwanze

Entdecken, helfen und erforschen

Das Leben eines Tierretters kann ganz schön spannend sein. Geh raus, werde zum Forscher und lüfte die Geheimnisse der Natur. Je besser du die Natur verstehst, umso besser kannst du sie beschützen. Damit du nichts vergisst, kannst du deine Forschungsergebnisse und Tierretter-Erfolge in einem Tagebuch festhalten. Bestimmt wird es schon bald zu einem echten Schatz, der von vielen schönen Erlebnissen im Reich der Tiere berichtet.

Das Tierretter-Tagebuch

Ein einfaches Schulheft im DIN-A5-Format reicht, um deine Forschungsergebnisse und Tierretter-Aktionen festzuhalten. Wie du das Heft schön gestalten kannst, erfährst du auf Seite 16. Ganz wichtig ist natürlich, dass du das Heft mit deinem Namen beschriftest. Und dann liegt es an dir, womit du die Seiten füllst.

Zuerst brauchst du ein Thema. Überlege dir, worüber du in deinem Tagebuch schreiben möchtest. Gibt es eine spezielle Tierart, die dich besonders interessiert? Willst du herausfinden, welche Tiere in deinem Garten leben? Willst du ein Jahr lang den Spatzen in deinem Garten helfen? Oder willst du dich mit verschiedenen Aktionen dafür einsetzen, dass dein eigener Garten und der Garten anderer Menschen tierfreundlicher wird?

Es gibt das ganze Jahr über etwas zu entdecken und zu tun. Wenn du dein Thema hast, kannst du mit den ersten Aktionen loslegen. Vielleicht gehst du auf die Suche oder du bastelst etwas. Vielleicht beobachtest du Tiere oder verteilst Blumensamen und informierst über bedrohte Tierarten und wie man ihnen helfen kann. Einfach alles, was du für die Tiere tust, kannst du in deinem Tagebuch festhalten.

Versuche die Einträge so vielfältig wie möglich zu gestalten. Schreibe deine Erlebnisse auf. Male oder zeichne, mach Fotos, sammle Fundstücke, bastle oder schreibe ein Gedicht. Miss, wiege oder zähle und trag die Daten in dein Heft ein. Mach Abdrücke oder markiere Fundorte in einer Landkarte. Deiner Kreativität sind keine Grenzen gesetzt!

TIPP
Neben dem Tagebuch kannst du deine Erlebnisse oder Tierbeobachtungen auch mit Film- oder Tonaufnahmen festhalten. Größere Fundstücke kannst du in einem kleinen Sortierkasten aufbewahren.

Ideen für den Anfang

Vielleicht beginnt deine Laufbahn als Tierretter ja mit dem Fund eines hilflosen Tiers? Dann hältst du in deinem Tagebuch natürlich ganz genau fest, wie du dem Tier hilfst und wie es ihm geht.

Die meisten Tierretter-Karrieren starten allerdings weniger spektakulär – zum Beispiel mit der Entdeckung eines Vogelnests oder dem Aufstellen eines Futterhäuschens. Wenn dich gerade kein Notruf erreicht und kein Tier in letzter Sekunde gerettet werden muss, kannst du dir mit diesen Projekten sinnvoll die Zeit vertreiben:

TIPP
Schlage im Tierretter-Kalender ab Seite 114 nach, was du gerade für die Tiere bei dir zu Hause tun kannst. Such dir eine Aufgabe aus, setze sie um und halte sie in deinem Tagebuch fest.

Idee Nr. 1

Bau ein Regenwurm-Beobachtungsglas (siehe Seite 104). Was machen die Würmer unter der Erde? Warum sind sie so nützlich? Komme ihrem Geheimnis auf die Spur und halte die Veränderungen unter der Erde im Tagebuch fest.

Idee Nr. 2

Beobachte einen Baum, eine Blume oder den Gartenteich. Schau, was im Lauf eines Jahres oder eines Tages passiert und schreibe in regelmäßigen Abständen deine Beobachtungen in dein Tagebuch. So kannst du viel über die Zusammenhänge in der Natur lernen.

Idee Nr. 3

Werde zum Naturforscher und entdecke die Tiere in deiner Umgebung. Die Bestimmung von Tieren macht großen Spaß. Klebe Fotos oder Bilder deiner tierischen Nachbarn in dein Tagebuch und notiere alles, was du über sie herausgefunden hast.

Idee Nr. 4

Baue einen Nistkasten oder ein Bienenhotel und mach eine Bildergeschichte daraus, die du in dein Tagebuch klebst. Wo hast du den Nistkasten oder das Bienenhotel aufgehängt? Sind Tiere eingezogen? Und wenn ja, welche?

Tagebuch für Tierretter

hält deine Erfolge und Erlebnisse fest

Du brauchst

* Heftumschlag aus Papier in Grün, A5
* Schreibheft, A5
* Tonpapierreste in Rot, Weiß, Gelb, Hell-blau, Schwarz, Grün und Braun
* Filzstift in Schwarz, Rot und Braun
* Gelschreiber in Weiß
* Klebstoff
* Schere

Vorlagen Seite 120, 122 und 125
(siehe Schürze, Vogelsticker, Spinnenfänger)

Tipps für die Innenseiten

* Klebe ein Papiermaßband in das Heft und markiere darauf das Wachstum von Pflanzen oder die Größe von Tieren. Die Maße kannst du mit dem Datum oder dem Namen der Tiere beschriften.
* Klebe Fotos mit buntem Klebeband in dein Heft. Du kannst z. B. Tierporträts machen oder eine Bilderstrecke über eines deiner Tierretter-Projekte.
* Klebe einen kleinen Briefumschlag ein, um Fundstücke wie Federn oder Blumensamen aufzubewahren. Auch herausnehmbare Zettel oder Karten kannst du darin einstecken.
* Presse Blätter und Blüten, lege ein Stück einer Klarsichthülle darüber und klebe die Folie rundum mit buntem Klebeband fest.
* Male Bilder der Tiere oder bastle sie aus Papier und klebe sie in das Heft.
* Mach dein Heft zum Aufklappbuch. Falte ein Stück Papier in der Mitte, sodass eine Karte entsteht. Gestalte die Vorderseite und die Innenseiten und klebe die Karte mit der Rückseite in das Heft.

1. Für das Etikett schneidest du ein 8 cm x 5 cm großes Rechteck aus weißem Tonpapier und ein 9 cm x 6 cm großes Rechteck aus rotem Tonpapier aus. Beschrifte das weiße Rechteck und klebe es auf das rote.

2. Schneide mithilfe der Vorlagen den Körper und die Flügel für die Biene, die Spinnenkörper und den Vogel aus Tonpapier aus. Male die Gesichter mit Filzstift und Gelschreiber auf. Die Biene bekommt mit schwarzem Filzstift noch zwei Streifen, der Vogel einen roten Schnabel, einen Flügel und Schwanzfedern.

3. Für die Wiese schneidest du einen 3 cm breiten und 15,5 cm langen grünen Tonpapierstreifen an einer langen Seite zackig ein. Klebe alles auf den Heftumschlag und male dann die Spinnenbeine, die Bienenfühler und den kleinen Stachel auf.

Mein Wurmbeobach-
tungs-Glas

17. Juli: Ich habe im Garten einen
Wurm ausgegraben. I...
Glas habe ich ...
und Bl...
habe ...
geleg...
in die ...
Fresse...
Das Gl...
Staff un...
sen. De...
Willi g...

17. Juli
Wurm
Willi

Glas.

TIERRETTER-
TAGEBUCH

Garden-Heroes
der Lüfte

Fleißige Bienchen

Überall summt es und brummt es im Sommer. Emsig fliegen die Bienen von Blüte zu Blüte und sammeln Nektar und Pollen. Die bekannteste von ihnen ist die Honigbiene. Aber sie hat noch viele kleinere und größere Verwandte. Hättest du gedacht, dass es über 550 Bienenarten in unseren Gärten, Wiesen und Feldern gibt? Doch leider wird das Summen der Bienen immer leiser. Viele Arten der Wildbienen sind bedroht.

Warum brauchen wir die Bienen?

Die Bienen bestäuben beim Sammeln des Nektars die Pflanzen, sodass aus den Blüten Früchte heranwachsen. Ohne Bienen gäbe es im Frühsommer keine Erdbeeren und im Herbst keine Äpfel. Und weil in den Früchten die Samen der Pflanzen reifen, tragen die Bienen auch zur Vermehrung der Pflanzen bei. Bienen sind also sehr wichtig für uns.

Sind Bienen gefährlich?

Honigbienen und Hummeln haben einen großen Stachel, mit dem sie sich oder ihren Honig verteidigen können. Solange sie sich nicht bedroht fühlen, sind sie aber friedlich. Der Stachel der meisten Wildbienen ist dagegen so weich, dass er unsere Haut nicht durchdringen kann. Sie können dich also nicht stechen.

Wo leben Wildbienen?

Jede Wildbienenart hat ein anderes Haus. Manche bauen es in der Erde oder im Sand, andere bevorzugen hohle Äste oder Halme, andere leben in Fraßlöchern in alten Bäumen. Die Wildbienen bauen mehrere Kammern in die Röhren. Die Kammern füllen sie mit Nahrungsvorräten und legen ihre Eier darin ab. Das Haus der Bienen ist aber nicht nur für die Nachkommen da. Die Bienen schlafen auch nachts gerne darin.

Warum sind die Bienen bedroht?

Für das Verschwinden der Bienen gibt es viele Gründe. Krankheiten zum Beispiel oder Insektengifte, mit denen Landwirte ihre Pflanzen auf den Feldern vor Schädlingen schützen wollen. Der einseitige Anbau bestimmter Pflanzen auf den Feldern führt außerdem dazu, dass die Bienen nur für kurze Zeit Nektar sammeln können und dann Hunger leiden. Das alles trägt dazu bei, dass etwa die Hälfte der heimischen Wildbienenarten bedroht ist.

Bienenfutter für Balkon und Garten

Diese Blumen sind bei Bienen besonders beliebt, weil sie ihnen viel Nektar und Pollen bieten. Damit kannst du den Bienen das ganze Jahr über helfen.

Pflanze	Jan.	Feb.	März	April	Mai	Juni	Juli	Aug.	Sep.	Okt.	Nov.	Dez.
Winterheide	✿	✿	✿	✿								
Krokus			✿	✿								
Löwenzahn				✿	✿	✿						
Klee					✿	✿	✿	✿	✿			
Koriander						✿	✿					
Seidenblume						✿	✿	✿				
Phacelia						✿	✿	✿				
Borretsch						✿	✿	✿				
Thymian						✿	✿	✿	✿			
Sonnenblume							✿	✿	✿			

Wie kann ich den Bienen helfen?

✿ Pflanze Blumen am besten so, dass das ganze Jahr über etwas auf dem Balkon oder im Garten blüht und die Bienen Futter finden.

✿ Wenn der Rasen im Garten nur alle drei Wochen gemäht wird, können die Bienen länger die Wiesenblumen anfliegen.

✿ Auch Bienen haben Durst. Biete ihnen darum Wasser zum Trinken an (siehe Seite 28).

✿ Wildbienen brauchen geeignete Nistplätze. Baue ihnen ein Bienenhotel (siehe Seite 22) und biete ihnen Erde und Sand an, damit sie daraus die Brutkammern bauen können.

Bienenhotel

zum Brüten, Schlafen und Überwintern

Du brauchst

* Konservendose, ø ca. 8,5 cm, 11,5 cm hoch
* 2 Holzbretter, ca. 2 cm stark, 10 cm x 13 cm und 8 cm x 13 cm
* Bambusstäbe, ø innen 4–10 mm
* Rundholzstab, ø 3–4 mm, 10 cm lang
* 3 Nägel, ø 2 mm, 4 cm lang
* Klappöse mit passenden Nägeln
* Farbe
* Klarlack, wetterfest
* Holzleim
* Montagekleber
* Handsäge mit feinem Sägeblatt
* Schleifpapier
* Hammer
* Pinsel
* ggf. Ton oder lehmige Erde

1. Male die Dose bunt an und lass die Farbe gut trocknen. In der Zwischenzeit sägst du die Bambusstäbe in ca. 11 cm lange Stücke.

Hinweis: Am besten ist es, wenn die Knoten der Bambusrohre am Ende der Stücke sitzen und diese verschließen. Der Gang muss von der Öffnung an mindestens 6 cm tief sein. Stücke ohne Knoten kannst du mit Ton oder lehmiger Erde an einem Ende verschließen.

2. Entferne das Mark der Bambusstücke mit dem Rundholzstab und glätte die vordere Öffnung mit dem Schleifpapier. So entsteht ein perfektes Zuhause für die Wildbienen. Stücke mit Riss sortierst du aus. Sie sind als Wohnung ungeeignet.

3. Fülle die Bambusstücke in die Dose – zuerst die dicken, dann die dünnen. Die letzten Stücke ggf. mit dem Hammer einklopfen, sodass alle fest sitzen und nicht mehr herausfallen können.

Das kannst du für deine Bienen tun:

* Ersetze beschädigte Bambusstücke durch neue Stücke – am besten im Winter, wenn die Bienen schlafen.
* Wenn sich hungrige Vögel an den Röhren zu schaffen machen, kannst du Kaninchendraht vor dem Hotel anbringen.
* Ersetze verschlossene Röhren, aus denen seit über zwölf Monaten keine Biene geschlüpft ist, gegen neue Röhren (meist ist das Nicht-Schlüpfen ein Zeichen dafür, dass die Brut tot ist).
* Biete deinen Wildbienen von Frühling bis Herbst ein leckeres Nektar- und Pollen-Mahl, indem du verschiedenste Blumen für sie aussäst.

4. Verbinde die zwei Bretter wie abgebildet mit dem Holzleim und schlage zusätzlich die Nägel ein, damit das Dach fest zusammenhält.

5. Anschließend kannst du das Dach nach Belieben mit der Farbe bemalen. Nach dem Trocknen der Farbe das Dach mit Klarlack überziehen, damit es wetterbeständig wird.

6. Oben an der Rückseite des Daches die Klappöse mit den Nägeln anbringen, damit du das Bienenhotel aufhängen kannst.

7. Zuletzt klebst du das Dach mit viel Montagekleber auf die Dose, sodass es vorn übersteht. Lass dir dabei von einem Erwachsenen helfen!

8. Hänge das Bienenhotel an einen sonnigen Ort, am besten in Richtung Süden.

Kleine Bienenkunde

Honigbiene

Honigbienen sind etwas Besonderes. Anders als ihre meisten wilden Artgenossen können sie nur in der Gemeinschaft überleben. Darum legen sie auch einen großen Honigvorrat für den gemeinsamen Winterschlaf an.

Du kannst Honigbienen unterstützen, indem du Honig vom Imker vor Ort kaufst. Imker kümmern sich um das Wohl der Bienenvölker und den Erhalt ihres Lebensraumes.

Blaue Holzbiene

Die Holzbiene brummt laut, ist aber sehr friedlich und trinkt am liebsten den Nektar von Zierwicken und anderen Lippenblütlern. Sie schimmert wunderschön blau-schwarz und ist mit bis zu 3 cm Länge die größte einheimische Biene. Ihren Namen verdankt sie der Angewohnheit, ihre Bruthöhlen in morsches Holz zu bohren. Die Holzbiene ist eine Einsiedlerbiene, die alleine lebt. Du kannst ihr helfen, wenn du im Garten Teile von Stämmen abgestorbener Bäume aufstellst.

Hummel

Auch Hummeln sind Bienen, hast du das gewusst? Die pelzigen Brummer erfüllen sogar eine sehr wichtige Aufgabe. Denn sie sind wichtige Bestäuber von Auberginen, Gurken, Paprika, Pfirsichen und Tomaten. Ähnlich wie die Honigbiene leben sie in kleinen Völkern – allerdings immer nur für einen Sommer. Im Herbst stirbt der Staat und nur die befruchtete Königin überwintert. Wie du den dicklichen Brummern helfen kannst, erfährst du auf Seite 31.

Wespenbiene

Die Wespenbienen werden auch Kuckucksbienen genannt, weil sie keine eigenen Nester bauen. Sie legen ihre Eier in die Brutkammern anderer Wildbienen. Dort frisst die ausschlüpfende Larve das vorhandene Ei und ernährt sich danach von dessen Proviant. Wespenbienen sind nicht bedroht, aber dennoch geschützt.

Summ, summ, summ, Honigbienchen summ herum!

Bienen machen leckeren Honig, produzieren duftendes Wachs und sorgen dafür, dass wir reichlich Früchte ernten können. Wenn das kein Grund ist, zum Bienenfreund oder gar selbst zum Imker zu werden!

Die fleißigen Insekten leben in einem Volk mit Königin, Arbeiterinnen und Drohnen (so werden die männlichen Bienen genannt). Insgesamt besteht ein Bienenvolk aus 20.000 bis 50.000 Bienen.

Im Frühling schwärmen die Arbeiterinnen aus und sammeln bis in den Herbst hinein Pollen, Nektar und Honigtau, die sie an den Nachwuchs verfüttern oder in Wachswaben einlagern, wo daraus Honig wird.

Eine Biene, die eine neue Nahrungsquelle gefunden hat, kann den anderen Arbeiterinnen mitteilen, wohin sie fliegen müssen. Das macht sie mit dem sogenannten Schwänzeltanz. Die Biene „tanzt" kreisförmige Bewegungen vor und die anderen Bienen tanzen ihr nach. Dadurch lernen sie zum Beispiel, wie weit sie in eine bestimmte Richtung fliegen müssen, um einen bestimmten Blütennektar zu finden.

Ein- bis zweimal im Jahr „erntet" der Imker den Honig aus den unbefruchteten Wachswaben, in denen die Bienen ihre Vorräte angelegt haben. Als Ersatz erhalten die Bienen dafür Zuckerwasser. Davon ernähren sie sich während der Wintermonate. Damit es ihnen nicht kalt wird, bilden die Bienen im Bienenstock eine Traube und heizen durch eifriges Zittern und Flügelschlagen. Erst im Frühjahr verlassen sie wieder ihren Stock und beginnen von Neuem, Nektar zu sammeln und Blüten zu bestäuben.

Honigbiene
Lateinischer Name: Apis

Größe: 10–15 mm **Gewicht:** 82 mg

Geschwindigkeit: bis zu 28 km/h

Lebensdauer: 35 Tage (Arbeiterin), 3–5 Jahre (Königin)

Nahrung: Nektar, Pollen, Honigtau
Natürliche Feinde: Vögel, Wespen, Hornissen, Bienenlaus, Varroamilbe

 weltweit (außer Antarktis)

GUT ZU WISSEN!

Bienen gibt es seit 75 Millionen Jahren. Damals lebten noch die Dinosaurier auf der Erde. Unsere Vorfahren bevölkerten die Erde erst vor 300.000 Jahren

Ein fleißiges Bienenvolk produziert im Jahr bis zu 30 kg Honig, das sind 60 Gläser!

Für ein Glas Honig müssen die Bienen 120.000 km zurücklegen. Das entspricht einer Reise drei Mal um die Erde.

Challenge 1
Honig-Gourmet

Honig ist nicht gleich Honig. Kannst du mit geschlossenen Augen einen Blütenhonig von einem Waldhonig unterscheiden oder gar von einem Rapshonig?

Bastel-TIPPS
Stülpe die Dose zum Einschlagen der Löcher über einen dicken Ast, den du waagerecht in einer Werkbank oder in einen Schraubstock einspannst. Dann wird die Dose beim Arbeiten nicht eingedellt oder verbogen.
Lass dir beim Kleben mit dem Heißkleber von einem Erwachsenen helfen!

Dosen-Biene

Gartendeko für Bienenfreunde

1. Öffne die Dose mit dem Sicherheitsdosenöffner, entferne den Inhalt und die Papierbanderole und reinige die Dose und den Deckel mit dem Spülmittel. Gut abtrocknen.

2. Male die Dose und den Deckel in Gelb an. Nach dem Trocknen malst du zwei etwa 2 cm breite braune Streifen auf. Noch einmal trocknen lassen.

3. Schlage für die Beine mit Hammer und dem Nagel an jeder Seite drei Löcher in die Dose. Fädle jeweils ein 15 cm langes Stück Schnur durch, zieh eine Perle auf und verknote jeweils beide Enden der Schnüre.

4. Zeichne die Flügel mithilfe der Vorlage mit einem Kugelschreiber auf der Plastikflasche an. Schneide die Flügel aus und schlage an den Markierungen mit dem Nagel Löcher ein.

5. Lege die Flügel etwa 3 cm von der Dosenöffnung entfernt oben auf die Biene. Zeichne die Löcher an und schlag sie mit dem Nagel in die Dose.

6. Fädle eine 1 m lange Schnur durch die Flügel und die Löcher in der Dose und verknote die Schnur so, dass die Flügel festgehalten werden. Verknote die Enden der Schnur miteinander.

7. Schneide für die Augen von dem Weinkorken zwei 5 mm dicke Scheiben ab, male sie weiß an und klebe jeweils einen Knopf auf. Klebe die Augen auf und male den Mund auf.

8. Für die Fühler schneidest du zwei 7 cm lange Schnurstücke und klebst sie auf die Rückseite des Deckels. Mach in die losen Enden jeweils einen Knoten. Klebe zum Schluss den Deckel auf die Dose. Fertig ist die lustige Biene!

Du brauchst

- Konservendose, ø ca. 7 cm, 10 cm hoch
- Trinkflasche aus Kunststoff, 1,5 l Inhalt
- 6 Perlen in Weiß mit großem Loch, ø ca. 1,5 cm
- 2 Knöpfe in Schwarz, ø 1 cm
- Weinkorken
- dicke Schnur, 2 m lang
- Farbe in Gelb, Braun und Weiß
- Heißkleber
- Sicherheitsdosenöffner
- Spülmittel
- Pinsel
- großer Nagel, ø ca. 3 mm
- Hammer
- Geschirrtuch
- Küchenmesser

Vorlage Seite 120

Bienen-Pool

für durstige Bienen und ihre Freunde

1. Male sechs Schraubdeckel deckend mit roter Farbe an. Den Untersetzer malst du lila an. Lass alles gut trocknen und lackiere es anschließend mit dem Klarlack. Noch einmal trocknen lassen.

2. Lege den unbemalten Deckel mittig auf die Astscheibe und ordne die rot angemalten Deckel im Kreis darum an. Befestige die roten Deckel jeweils mit einem Nagel auf der Astscheibe. Den Deckel in der Mitte wieder entfernen.

3. Durchbohre die Astscheibe in der Mitte. Dann bohrst du in den Ast oben mittig ein Loch. Drehe die Schraube durch die Astscheibe und schraube sie in das vorgebohrte Loch im Ast.

4. Trage Heißkleber oder Montagekleber unten am Rand des Untersetzers auf und klebe den Untersetzer mittig auf die roten Deckel. Lass dir beim Kleben von einem Erwachsenen helfen.

5. Stecke den fertigen Bienenpool in die Erde. Da Bienen nicht schwimmen können, legst du flache Kieselsteine, Murmeln, kleine Zapfen oder Moos als Landeplätze in den Untersetzer. Jetzt nur noch Wasser einfüllen und schon ist der Pool eröffnet.

Du brauchst

* Untersetzer aus Ton, ø 13 cm
* Astscheibe, 2 cm stark, ø 12 cm
* 7 Schraubdeckel aus Metall, ø ca. 7 cm
* Ast, ø ca. 3 cm, ca. 50 cm lang
* 6 Nägel, 2,5 cm lang
* flache Kieselsteine, Murmeln, kleine Zapfen oder Moos
* Farbe in Rot und Lila
* Klarlack für den Außenbereich
* Heißkleber oder Montagekleber
* Pinsel
* Schraube, 5 cm lang
* Handbohrer, ø des Bohreinsatzes passend zur Schraube
* Schraubenzieher
* Hammer

Das kannst du für Bienen tun:

* Bienen brauchen Wasser zum Trinken und zur Kühlung. Achte besonders an heißen Tagen darauf, dass immer Wasser in der Tränke ist.
* Am besten stellst du deinen Bienenpool an einem sonnigen und windstillen Ort auf.
* Tausche das Wasser regelmäßig aus, damit es immer frisch ist.
* Entferne tote Tiere aus der Trinkstelle.

Gemütliche Brummer

Hummel

Lateinischer Name: Bombus

Größe: 11–17 mm   **Gewicht:** 120 mg

Geschwindigkeit: bis zu 20 km/h

Lebensdauer: 28 Tage (Arbeiterin), 1 Jahr (Königin)

Nahrung: Nektar, Pollen
Natürliche Feinde: Vögel, Wespen, Hornissen, Wachsmottenlarve, Marder

🌐 Europa, Asien, Nordafrika, Amerika

Hummeln sind die Zeppeline unter den Bienen. Gemütlich fliegen sie durch die Luft und brummen von Blüte zu Blüte. Hättest du gedacht, dass sie zu den fleißigsten Blütenbesuchern auf unseren Wiesen gehören? Eine Hummel sammelt von Februar bis November täglich bis zu 18 Stunden Pollen und Nektar und besucht dabei bis zu 26 Blüten pro Minute. Das stellt jede Honigbiene in den Schatten. Ein Grund mehr, die pummeligen Tierchen zu lieben!

Hummeln unter Artenschutz

Immer mehr der rund 40 heimischen Hummelarten stehen auf der Roten Liste der bedrohten Tiere. In Deutschland sind sie darum besonders geschützt. Sie dürfen nicht gefangen oder getötet werden und ihre Nester darf man nicht zerstören. Wer sich nicht daran hält, muss eine hohe Strafe zahlen.

Und sie stechen doch!

Anders als oft behauptet beißen Hummeln nicht, sondern haben einen Stachel, wie andere Bienen auch. Dennoch sind Hummeln sehr friedfertige Tiere. Wer sich nicht absichtlich mit ihnen anlegt, den greifen sie nicht an.

Hummelfutter fürs ganze Jahr

Mit den Blumen in der Tabelle auf Seite 31 kannst du den Hummeln das ganze Jahr über helfen. Aber auch im Gemüsebeet kannst du sie glücklich machen. Sie lieben die Blüten von Bohnen, Erbsen, Tomaten, Gurken, Paprika, Kürbis, Zucchini und Kräutern.

Wie kann ich den Hummeln helfen?

- Halte im Februar und März Ausschau nach erschöpften Königinnen und leiste mit Zuckerwasser Erste Hilfe (siehe Seite 32).
- Lege im Garten ein wildes Eck mit Steinen, Reisig und Totholz an und lass Grasbüschel, Moose und Kräuter ungestört wachsen und wuchern. Auch Mäuselöcher, Komposthaufen, Nistkästen und alte Vogelnester sind als Nistplatz beliebt.
- Bereite den Hummeln mit Blumen und blühenden Pflanzen einen reich gedeckten Tisch – besonders im zeitigen Frühjahr und im späten Herbst, wenn die Nahrung knapp ist.
- Die Salweide ist im Frühjahr eine der wichtigsten Futterpflanzen der Hummeln. Setz dich dafür ein, dass keiner die schönen Zweige mit den Weidenkätzchen schneidet.
- Sag deinen Eltern, dass sie nur einen Teil des Rasens im Garten mähen sollen. Den Rest lasst ihr bis in den Herbst hinein stehen, damit die Hummeln dort Wildblumen anfliegen können.

Pflanze	Jan.	Feb.	März	April	Mai	Juni	Juli	Aug.	Sep.	Okt.	Nov.	Dez.
Krokus		✿	✿	✿								
Primel		✿	✿	✿	✿							
Lupine					✿	✿	✿	✿				
Klee					✿	✿	✿	✿	✿			
Löwenmaul					✿				✿	✿		
Kapuzinerkresse						✿	✿	✿	✿			
Phacelia						✿	✿	✿				
Edelwicke						✿	✿	✿				
Kugeldistel							✿	✿				
Efeu									✿	✿	✿	

Erste Hilfe für Ihre Majestät

Zuckerwasser lässt Hummelköniginnen durchstarten

Du brauchst

- Glasflasche mit Pipette, 10 ml Inhalt
- Klebeetikett in Weiß, 7 cm x 3,6 cm
- Papierreste in Rot und Hellblau
- transparente Klebefolie, 7,5 cm x 4 cm
- Klebstoff
- Schere
- 2 gestrichene TL Fruchtzucker
- 1 gestrichener TL Kristallzucker
- 1 ½ TL kaltes Wasser
- Einwegspritze oder kleiner Trichter

Vorlage Seite 120

1. Klebe das weiße Klebeetikett um die Flasche. Schneide mithilfe der Vorlage ein rotes Kreuz, ein rotes Rechteck, einen großen roten Kreis und einen kleinen hellblauen Kreis aus dem Papier aus.

2. Klebe das Rechteck mittig auf das Klebeetikett. Klebe die beiden Kreise und das Kreuz aufeinander und bring sie mittig auf dem roten Rechteck an. Den Klebstoff trocknen lassen.

3. Ziehe von der transparenten Klebefolie das Schutzpapier ab und klebe die Folie zum Schutz über das Etikett der Flasche.

4. Den Frucht- und Kristallzucker in einer kleinen Schüssel mit dem Wasser verrühren, bis sich alle Kristalle aufgelöst haben und die Flüssigkeit klar ist. Anschließend die Zuckerlösung am besten mit einer Spritze oder einem kleinen Trichter vorsichtig in die Glasflasche füllen.

Wie kann ich eine Hummelkönigin retten?

Wenn du im zeitigen Frühjahr eine Hummel findest, die erschöpft am Boden sitzt und nicht wegfliegt, wenn du dich ihr näherst, ist es eine hungrige und entkräftete Königin.

❀ Hebe die Hummelkönigin mit einem Stück Papier vorsichtig auf und bring sie an einen sicheren Ort.

❀ Tropfe mit der Pipette etwas Zuckerlösung vor die Hummelkönigin, damit sie sich stärken kann.

❀ Wenn die Hummelkönigin genug Energie getankt hat, kann sie weiterfliegen. Du hast nicht nur eine Königin, sondern einen ganzen Hummelstaat gerettet!

Saatbomben

lassen heimlich Hummeloasen aufblühen

Du brauchst

- 1 EL Blumensamen
- 5 EL Katzenstreu aus Naturmineralien (Ton), kompostierbar
- 5 EL Gartenerde
- 1 EL Kaffeesatz
- Wasser nach Bedarf
- Mörser oder Stein und feste Unterlage
- Schüssel
- alter Löffel
- Brett oder Teller

1. Das Katzenstreu im Mörser oder mit dem Stein zermahlen, sodass es zu Pulver wird. Die Gartenerde bei Bedarf mit den Fingern etwas zerbröseln. Anschließend das Pulver mit der Gartenerde, dem Kaffeesatz und den Samen in der Schüssel vermischen.

2. Nach und nach etwas Wasser zugeben und alles gut vermengen, bis ein fester Teig entstanden ist. Der Teig sollte nicht mehr krümeln, aber auch nicht zu feucht sein. Wenn der Teig zu nass ist, trocknen die Saatbomben zu langsam und die Samen treiben schon aus. Gegebenenfalls noch etwas Erde oder Katzenstreu einarbeiten.

3. Forme aus dem Teig mit den Händen etwa walnussgroße Kugeln. Setze die Kugeln locker auf das Brett oder auf einen Teller und lass sie einige Tage trocknen. Danach sind die Saatbomben einsatzbereit.

Challenge 2
Mission Saatbombe

Wer wirft am weitesten?
Sucht euch eine Fläche
(siehe Kasten unten) und
veranstaltet einen Weit-
wurf-Wettbewerb.

Gärtnern mit Saatbomben

❀ Verwende am besten die Samen heimischer Wildblumen aus deiner Umgebung.
Hummeln lieben z. B. Löwenzahn, Mohn, Klee, Wiesenplatterbse und Wiesen-
salbei.

❀ Verteile deine Saatbomben im Frühjahr, am besten ab April. Regenwetter ist
besonders günstig. Dann haben deine Blumen optimale Startbedingungen.
Du kannst die Saatbomben einfach auslegen oder an abgelegene Orte werfen.

❀ Suche nach öden Brachflächen oder Grünstreifen und sprich dich mit deinen
Eltern ab, ob du dort Blumen aussäen darfst. Denn nicht überall ist das erlaubt.

❀ Fremde Gärten oder Naturschutzgebiete sind tabu!

Räuber der Lüfte

Wespen und Hornissen haben keinen guten Ruf. Die meisten Menschen fürchten sich vor ihnen und haben Angst, gestochen zu werden. Das wird den Tieren oft zum Verhängnis. Dabei sind Wespen und Hornissen in der Natur sehr nützlich. Sie helfen beim Bestäuben der Blütenpflanzen und sind effektive Schädlingsbekämpfer. Ein Wespenstaat vertilgt in einem Sommer 7–15 kg Insekten, darunter Läuse, Stechmücken und Bremsen, sowie Spinnen.

Wer ist wer?

Wespen (Foto links) erkennt man leicht an ihrer gelb-schwarzen Zeichnung. Auch Hornissen sind Wespen – nur eben besonders große. Du erkennst sie außerdem an ihrem braunroten Kopf. Aber Achtung: Auch so manche harmlose Fliege gibt vor, eine Wespe zu sein. Viele Schwebefliegen (Foto rechts) imitieren die auffällige Gelb-Schwarz-Zeichnung, um Feinde abzuschrecken.

Lästige Nachbarn

Von den über 40 heimischen Wespenarten sind nur zwei scharf auf Süßes: die Deutsche Wespe und die Gemeine Wespe. Jedes Jahr im August nerven sie uns mit ihrem angriffslustigen Verhalten. Kaum haben wir es uns draußen mit einem Stück Kuchen und einem Glas Apfelsaft bequem gemacht, schwirren die Wespen heran und wollen sich darüber hermachen. Das ist nicht nur lästig, sondern auch wirklich gefährlich. Denn wer wild auf die Tiere einschlägt, riskiert, gestochen zu werden.

Der Grund für die Gier auf Zucker ist einfach: Ab August müssen die neuen Königinnen aufgezogen und fit für den Winter gemacht werden. Dafür brauchen die Wespen viel Zucker – und den holen sie sich gerne auf unserem reich gedeckten Tisch.

Wespe
Lateinischer Name: Vespula

Größe: 12–16 mm   **Gewicht:** 84 mg

Geschwindigkeit: bis zu 32 km/h

Lebensdauer: 22 Tage (Arbeiterin), 1 Jahr (Königin)

Nahrung: Nektar, Honigtau, Pflanzensäfte, Fallobst, Insekten
Natürliche Feinde: Vögel, Hornissen, Spinnen, Libellen, Mottenlarven, Wespenkäfer

🌍 weltweit (außer Antarktis)

Hornisse
Lateinischer Name: Vespa crabro

Größe: 18–25 mm   **Gewicht:** 400 mg

Geschwindigkeit: bis zu 48 km/h

Lebensdauer: 21 Tage (Arbeiterin), 1 Jahr (Königin)

Nahrung: Nektar, Honigtau, Pflanzensäfte, Fallobst, Insekten
Natürliche Feinde: Vögel, Mottenlarven

🌍 Europa, Asien , Nordamerika

Tipps für ein gutes Miteinander

❀ Bewahre Ruhe. Schlagen oder wildes Fuchteln macht die Tiere wild.

❀ Puste die Tiere nicht weg. In deinem Atem sind Stoffe, die Wespen in Alarm versetzen.

❀ Wasch dir nach dem Essen und Trinken die Hände und den Mund. Wespen können sehr gut riechen und werden vom leckeren Duft angezogen.

❀ Schütze dein Trinkglas mit einem Deckel, damit keine Wespe darin landet (siehe Seite 40).

❀ Versperre den Wespen nicht die Flugbahn zu ihrem Nest. Sie fühlen sich sonst bedroht und greifen an.

❀ Niemals ein Wespennest zerstören. Es könnte sein, dass es von einer geschützten oder friedlichen Wespenart stammt. Wenn das Nest stört, kann es von einem Fachmann umgesiedelt werden.

❀ Lass die Wespen mitessen und stell ihnen in sicherem Abstand einen Wespenteller auf (siehe Seite 38).

❀ Verzichte auf Wespenfallen, in denen die Tiere qualvoll sterben.

❀ Parfüm, duftende Cremes und Holzmöbelpolitur können Wespen magisch anziehen. Verzichte im Sommer darauf.

❀ Decke den Esstisch möglichst erst kurz vor dem Essen und räume ihn schnell wieder ab.

❀ Sammle das Fallobst im Garten auf. Der Duft lockt hungrige Wespen an.

❀ Der Duft von Pfefferminze oder Lavendel kann helfen, die Plagegeister fernzuhalten.

Wespenteller

da kann keine Wespe widerstehen

❀ Tonuntersetzer, ø 17,5 cm
❀ 2 Pompons in Schwarz, ø 2 cm
❀ Farbe in Weiß, Schwarz und Gelb
❀ feiner Lackmarker in Schwarz
❀ Klarlack, wetterfest
❀ Flachpinsel
❀ feiner Rundpinsel

Vorlage Seite 121

1. Male den Tonuntersetzer zunächst innen und außen mit weißer Farbe an, damit du einen guten Untergrund zum Bemalen hast. Lass die Farbe gut trocknen.

2. Nun malst du den Boden auf der Innenseite des Untersetzers gelb an. Den Rand malst du außen ebenfalls gelb an. Lass die Farbe gut trocknen.

3. Male die obere Kante des Untersetzerrands schwarz an und lass die Farbe trocknen. Übertrage dann mit der Bleistiftmethode (siehe Seite 9) die Vorlage für die Wespe und male die Streifen mit schwarzer Farbe auf. Das Gesicht mit dem Lackmarker aufmalen.

So funktioniert der Wespenteller:

❀ Lege etwas Obst auf den Wespenteller und platziere ihn im Freien etwa 5–10 m vom Esstisch entfernt an einem ruhigen Ort, an dem die Wespen ungestört essen können.
❀ Am besten eignen sich für den Wespenteller leicht vergorene Trauben. Aber auch überreife Zwetschgen oder Pflaumen sind bei Wespen sehr beliebt.
❀ Füttere die Wespen nicht mit unverdünnter Marmelade oder Honig. Das macht die Tiere aggressiv.
❀ Serviere den Wespen das Mahl am besten 15 Minuten, bevor ihr selbst den Tisch deckt, dann sind die Wespen mit ihrem eigenen Futter beschäftigt und lassen sich von den Essensdüften weniger anlocken.

4. Oben am Kopf malst du zwei Striche für die Fühler auf, unten einen kleines Dreieck als Stachel. Wenn die Farbe trocken ist, überziehst du alles zum Schutz mit dem Klarlack. Gut trocknen lassen.

5. Zuletzt klebst du mit Bastelkleber die beiden Pompons auf die Fühlerspitzen.

TIPP
Prüfe, ob die Öffnung in der Mitte der Metallöse groß genug ist: Der Trinkhalm sollte gut durchpassen.

Trinkglas mit Deckel

garantiert wespensicher

1. Lege den Deckel auf die Klebefilmrolle. Setze den Schraubenzieher in der Mitte an und schlag mit Hammer und Schraubenzieher ein Loch in den Deckel. Lass dir dabei von einem Erwachsenen helfen.

2. Weite das Loch mit dem Schraubenzieher, bis du die Metallöse gut durchstecken kannst. Pass dabei gut auf, dass du dich nicht an den scharfen Kanten auf der Unterseite des Deckels schneidest.

3. Dreh den Deckel um und klopfe die scharfen Kanten auf der Innenseite mit dem Hammer flach. Danach kannst du den Deckel außen anmalen. Trocknen lassen.

4. Schlag die Metallöse ein. Folge dazu der Anleitung des Herstellers und verwende das mitgelieferte Werkzeug.

5. Jetzt nur noch das Glas befüllen, den Deckel verschließen und den Trinkhalm einstecken, dann haben Wespen keine Chance, in deinem Glas zu landen!

Du brauchst

* Einmachglas mit Schraubdeckel
* Klebefilmrolle
* Dauertrinkhalm oder Papptrinkhalm
* Metallöse zum Einschlagen, ø außen mindestens 1,5 cm mit passendem Werkzeug
* Buntlack in Türkis
* großer Kreuzschlitzschraubenzieher
* Hammer
* Pinsel

Schau, was flattert da?

Schmetterling (Tagfalter)
Lateinischer Name: Lepidoptera

Größe: 2,5–10 cm (Spannweite)   **Gewicht:** 150 mg

Geschwindigkeit: 8–20 km/h

Lebensdauer: 2 Wochen bis 10 Monate

Nahrung: Nektar, Pflanzensaft, Honigtau;
als Raupe Pflanzenteile
Natürliche Feinde: Vögel, Fledermäuse, Ameisen,
Wespen, Hornissen, Libellen, Käfer, Fliegen

 weltweit (außer Antarktis)

Lautlos fliegen sie mit schnellem Flügelschlag durch die Lüfte, tanzen, flattern und treiben im Wind. Schmetterlinge sind echte Luftakrobaten – und einfach wunderschön anzusehen. Über 3.700 Arten leben in unseren Wiesen und Gärten. Die kleinsten sind gerade einmal 7 mm groß. Und manche sind nur nachts zu sehen. Doch leider sind inzwischen viele Schmetterlingsarten bedroht.

Warum gibt es immer weniger Schmetterlinge?
Bestimmt kennst du die Geschichte von der kleinen Raupe Nimmersatt, die eines Nachts aus einem Ei schlüpft und sich anschließend durch das Buch frisst, bis sie sich verpuppt und zu einem wunderschönen Schmetterling wird. So ist es auch bei den echten Schmetterlingen. Nur dass die Raupen kein Obst oder Kuchen fressen, sondern ganz bestimmte Pflanzen. Und weil es von diesen immer weniger gibt, werden auch die Schmetterlinge immer weniger.

ÜBRIGENS
Schmetterlinge sind robuster, als sie aussehen. Dass sie nach einer Berührung ihrer Flügel nicht mehr fliegen können, ist ein Märchen.
Mit einem Set zur Aufzucht von Schmetterlingen kannst du miterleben, wie aus einer Raupe ein Schmetterling wird. Vielleicht wäre das ein passender Wunsch für deinen nächsten Geburtstag?

Kleine Schmetterlingskunde

Tagpfauenauge

Dieser anmutige Schmetterling ist von Juni bis Oktober in Parks, Gärten und an Waldrändern zu sehen. Als Raupe verspeist das Tagpfauenauge ausschließlich Brennnesseln. Als Schmetterling liebt es die Blüten von Disteln, ist aber ansonsten nicht sehr wählerisch. Die auffälligen Augenflecken auf den Flügeln dienen der Verteidigung. Vögeln sollen sie die Augen eines großen Tiers vorgaukeln und sie dadurch abschrecken.

Taubenschwänzchen

Was hier so aussieht wie ein Kolibri, ist in Wahrheit ein kleiner Falter, der im Schwirrflug vor einer Blüte steht und mit seinem 3 cm langen Rüssel den Nektar saugt. Taubenschwänzchen gehören zu den Nachtfaltern. Von Mai bis November sind sie in den Morgen- und Abendstunden in Gärten und am Waldrand zu sehen. Als Schmetterling saugen sie gerne an Geranien, Lichtnelken, Phlox und Sommerflieder. Die Raupen haben Labkraut zum Fressen gern.

Admiral

Der Admiral ist ein reiner Sommergast in unseren Gärten. Im Mai reist er 1.000 km aus dem Süden an und macht sich im Herbst wieder auf den Rückweg. Die Raupen fressen Brennnesseln, die Schmetterlinge saugen im Herbst ihren Reiseproviant an reifen Pflaumen und Efeublüten. Gib eine Mischung aus Malzbier und Honig auf einen flachen Teller und biete sie den reisenden Schmetterlingen als „Tankstelle" an.

Kohlweißling

Von April bis Oktober flattert der große Kohlweißling durch Gärten, Felder und Wiesen. Die Schmetterlinge legen ihre Eier (etwa 100 Stück) an der Unterseite von Kohlblättern ab, sodass sich die Raupen nach dem Schlüpfen genüsslich satt fressen können. Als Schmetterling liebt der Kohlweißling Disteln und Flockenblumen.

Bunt bemalte Blumentöpfe

ein schöner Blickfang auf dem Balkon

Du brauchst

* Tontopf
* Acrylfarbe in Türkis, Hellgrün, Orange, Pink, Violett und Schwarz
* Klarlack, wasserfest
* breiter Flachpinsel
* Rundpinsel

1. Grundiere den Tontopf außen mit dem Flachpinsel komplett in Türkis oder Grün und lass die Farbe trocknen. Damit die Farbe schön deckt, eine zweite Schicht auftragen und noch einmal trocknen lassen.

2. Male nun mit Acrylfarbe in Hellgrün oder Türkis das Streifenmuster auf den Rand und lass die Farbe gut trocknen.

3. Male nun die Schmetterlinge mit Fingerdruck auf. Dazu immer vier Flügel mit dem Finger aufdrucken. Wenn du magst, kannst du das zuerst auf einem Blatt Papier einmal ausprobieren. Die Farbe gut trocknen lassen.

4. Male nun mit dem Rundpinsel den Körper, den Kopf und die Fühler der Schmetterlinge mit schwarzer Farbe auf. Die Farbe gut trocknen lassen. Zum Schluss kannst du den Topf innen und außen zum Schutz mit einer Schicht Klarlack versiegeln.

TIPP
Fülle einen Pflanztopf in passender Größe mit Blumenerde und stelle ihn in deinen Tontopf. Säe Schmetterlingsblumen ein, drücke die Erde leicht an und halte sie feucht. Schon nach wenigen Tagen werden die ersten Pflänzchen sprießen!

Nützliche Samentüten

zum Aufbewahren oder Verschenken

Du brauchst

* buntes Papier, pro Tüte 12 cm x 25 cm
* Packpapierreste
* Filzstift in Schwarz
* Bleistift
* Klebstoff
* Schere
* Blumen- und Pflanzensamen

Vorlage Seite 123

1. Fertige wie auf Seite 9 beschrieben eine Pappschablone der Vorlagen an. Übertrage mithilfe der Schablonen die Tüte auf buntes Papier und den runden Button auf Packpapier. Schneide die Teile aus.

2. Für die Tüte faltest du alle Teile an den gestrichelten Linien nach innen und öffnest sie wieder. Dann klappst du die schmalen Seiten nach innen. Am rechten und linken Rand etwas Klebstoff auf das untere Teil geben, das Teil nach oben klappen und auf die schmalen Seiten kleben.

3. Den Button mit dem Filzstift beschriften. Das gelingt leichter, wenn du den Text zuerst mit Bleistift vorschreibst. Die Samen in die Tüte füllen, die Klappe nach unten schlagen und den Button als Verschluss aufkleben.

Das kannst du tun:

* Sammle die reifen Samen deiner Schmetterlingsblumen und Raupenpflanzen. In den Tüten kannst du sie gut sortiert bis zur Aussaat im nächsten Frühjahr aufbewahren.
* Sammle Samen wilder Schmetterlingsblumen oder Raupenpflanzen und unterstütze ihre Verbreitung, indem du sie in selbst gemachten Samentüten verschenkst.
* Welche Blumen und Pflanzen für Schmetterlinge und Raupen besonders wichtig sind, erfährst du auf Seite 48 und 49.

Challenge 3
Auf die Samen fertig los!

Jeder sät jeweils einen Blumensamen in einer bestimmten
Farbe aus (zur Unterscheidung).
Derjenige, der am Ende die meisten aufgeblühten Blumen hat,
hat gewonnen.

TIPP
Beschrifte ein kleines Rechteck aus Packpapier mit den
wichtigsten Hinweisen zu deinen
Samen wie Aussaatzeit, Pflege,
Standort und Wuchshöhe. Klebe
die Hinweise auf die Rückseite
der Samentüte oder stecke den
Zettel in die Tüte.

raupen
Glück

Saat-
gut

Wild-
blumen

Aussaat : März – Juni
ein- und mehrjährige
Wildblumen

Ein Herz für Schmetterlinge

Ein Blumenmeer mit reichlich Nektar ist zu wenig. Die beste Hilfe für Schmetterlinge ist ein naturnaher Garten ohne Insektengifte und mit vielen wilden Ecken. Denn für die Eiablage brauchen die Schmetterlinge ganz bestimmte einheimische Pflanzen wie Brennnesseln, Disteln oder Klee. Wenn du Schmetterlingen helfen willst, dann musst du dafür sorgen, dass sie in deinem Garten auch Futterpflanzen für ihre Raupen finden.

Leckeres Raupenfutter

Pflanze	Schmetterlingsart
Brennnessel	Kleiner Fuchs, Tagpfauenauge, Admiral, Distelfalter, Landkärtchen
Doldenblütler wie Dill, Petersilie, Wilde Möhre, Liebstöckel	Schwalbenschwanz
Distel	Kleiner Fuchs, Tagpfauenauge, Admiral, Distelfalter, Landkärtchen
Faulbaum oder Kreuzdorn	Zitronenfalter
Fetthenne/Mauerpfeffer	Apollofalter
Geißblatt	Kleiner Eisvogel, Hummelschwärmer
Gräser	Schachbrett, Ochsenauge
Hasel	C-Falter
Hellerkraut	Aurorafalter
Hornklee	Gewöhnlicher Bläuling, Goldene Acht

Pflanze	Schmetterlingsart
Knoblauchsrauke	Aurorafalter
Kohl	Kleiner und Großer Kohlweißling
Labkraut	Mittlerer Weinschwärmer, Taubenschwänzchen
Pappel	Trauermantel, Abendpfauenauge
Rotklee	Rotklee-Bläuling, Kurzschwänziger Bläuling, Goldene Acht
Ulme	C-Falter, Trauermantel
Veilchen	Kaisermantel, Perlmuttfalter
Weide	Großer Schillerfalter, Trauermantel, Abendpfauenauge
Wiesenschaumkraut	Aurorafalter

Das kannst du für Schmetterlinge tun:

- Verwandle einen Teil des Rasens in eine Schmetterlingswiese. Dazu entfernst du zuerst die Grasnabe und lockerst dann den Boden mit Sand auf. Danach kannst du eine Blumenwiesenmischung einsäen.
- Lass die Schmetterlingswiese am besten ungestört wachsen. Wenn gemäht werden soll, dann immer nur einen Teil. Sonst ist der ganze Lebensraum der Falter und Raupen auf einmal zerstört.
- Verzichte darauf, im Herbst alle Pflanzen abzuschneiden und wegzuräumen. In den Pflanzenresten haben sich vielleicht Schmetterlingspuppen ein Winterquartier eingerichtet.
- Nachtfalter werden von Licht magisch angezogen. Oft ist das ihr Todesurteil. Achte darauf, dass das Licht draußen nur brennt, wenn es wirklich nötig ist. Die Gartenlampen sollten sich so nah wie möglich am Boden befinden und nach unten leuchten. Bläuliches Licht ist besser als gelbes.

Nektarreiche Schmetterlingspflanzen

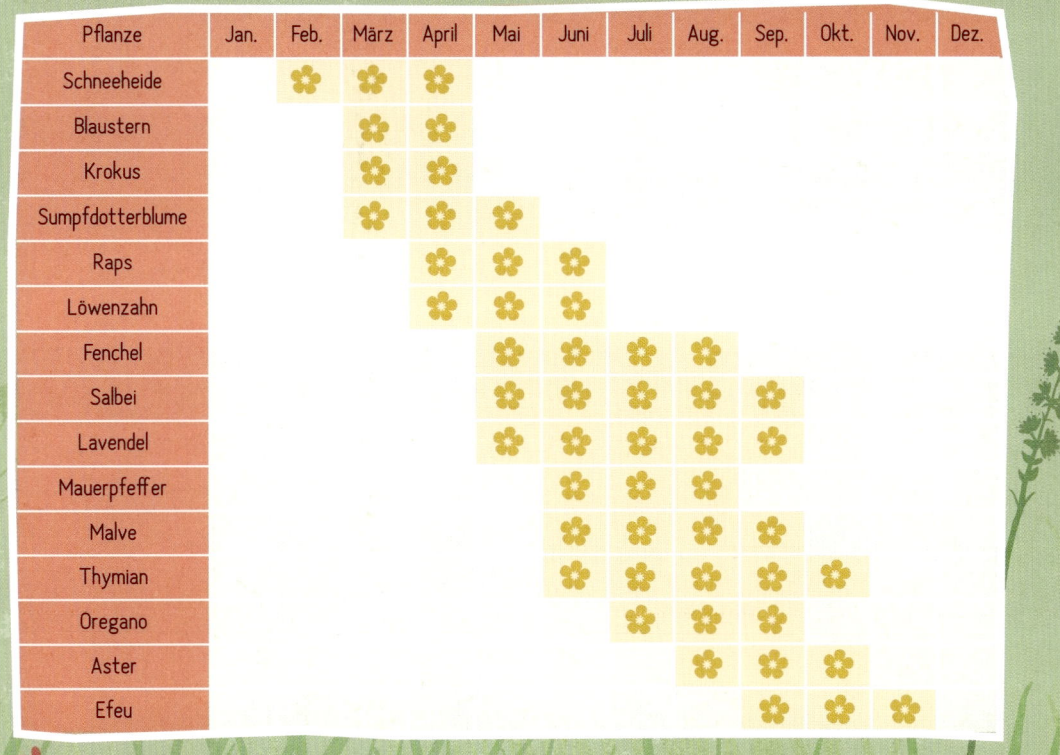

Pflanze	Jan.	Feb.	März	April	Mai	Juni	Juli	Aug.	Sep.	Okt.	Nov.	Dez.
Schneeheide		❀	❀	❀								
Blaustern			❀	❀								
Krokus			❀	❀								
Sumpfdotterblume			❀	❀	❀							
Raps				❀	❀	❀						
Löwenzahn				❀	❀	❀						
Fenchel						❀	❀	❀				
Salbei					❀	❀	❀	❀	❀			
Lavendel						❀	❀	❀	❀			
Mauerpfeffer						❀	❀					
Malve						❀	❀	❀				
Thymian						❀	❀	❀	❀	❀		
Oregano							❀	❀				
Aster								❀	❀	❀		
Efeu									❀	❀	❀	

Fröhlicher Schmetterling

verbreitet gute Laune

1. Stecke die Styropor®-Kugel auf das Schaschlikstäbchen. Reiß das gelbe Seidenpapier in kleine Schnipsel. Bestreiche die Kugel mit Bastelkleber und klebe die Schnipsel auf. Zum Schluss überziehst du die beklebte Kugel noch einmal mit Bastelkleber. Trocknen lassen.

2. Male mit Filzstift ein Gesicht auf die Styropor®-Kugel. Brich das Schaschlikstäbchen ab, sodass es noch 2–3 cm weit aus der Kugel herausragt. Bohre oben ein Loch in den Ast und klebe den Kopf am Schaschlikspieß in das Loch.

3. Übertrage mithilfe der Vorlage (siehe Seite 9) die beiden Flügelteile mit dem Filzstift auf die Flasche und schneide sie aus. Knicke die Flügel an den gestrichelten Linien, damit sie flacher sind.

4. Nun kannst du die Flügel auf der Rückseite bunt gestalten. Male dazu zuerst mit dem Glitterglue Punkte oder Muster auf und lass diese trocknen. Danach kannst du die Flügel mit Acrylfarbe anmalen. Trag die Farbe ruhig satt auf. Gut trocknen lassen.

5. Rolle die Aludrahtstücke an einem Ende etwas ein und stecke sie als Fühler in den Kopf. Zuletzt bringst du die Flügel jeweils mit zwei Reißnägeln hinten am Holz an – zuerst die kleinen, dann die großen. Fertig ist dein Schmetterling!

Du brauchst

* Styropor®-Kugel, ø 4 cm
* dicker Ast, ø 3 cm, 15,5 cm lang
* Plastikflasche, 1,5 l Inhalt
* Schaschlikstäbchen
* Aludraht, ø 2 mm, 2 x 8 cm lang
* 4 Reißnägel
* Seidenpapier in Gelb
* Acrylfarbe in Pink, Orange und Blau
* Glitterglue in Silber
* feiner Filzstift in Schwarz
* Bastelkleber
* Handbohrer
* Schere
* Pinsel
* ggf. kleiner Hammer

Vorlage Seite 125

Garden-Heroes
in Baum und Strauch

Fröhliche Piepmätze

Schon früh am Morgen singen sie aus voller Kehle. Nachtigall, Feldlerche und Gartenrotschwanz eröffnen das tägliche Zwitscherkonzert. Bis Sonnenaufgang stimmt die ganze Vogelschar mit ein. Die Vögel singen um die Wette und wollen zeigen, wer in unserem Garten das Sagen hat.

Die Vogelhochzeit

Im Frühling ist das Zwitschern am lautesten. Die Männchen wollen die Herzen der Vogeldamen erobern. Nach erfolgreicher Balz wird das Nest gebaut. Das Weibchen legt die Eier und beginnt zu brüten. Spätestens jetzt heißt es „Bitte nicht stören!" und du solltest das Nest nur noch aus der Ferne beobachten.

Etwa zwei Wochen später schlüpfen die Jungen und sperren hungrig die Schnäbel auf. Jetzt sind die stolzen Eltern schwer beschäftigt. Bis zu 10.000 Insekten müssen sie für ihre Jungen heranschaffen. Nach drei Wochen sind die Jungen flügge und verlassen das Nest. Richtig groß sind sie aber noch nicht. Sie müssen erst noch lernen, wie man richtig fliegt, nach Nahrung sucht und Gefahren erkennt. Das alles bringen ihnen ihre Eltern bei, die sich noch immer liebevoll um sie kümmern.

Spatz

Lateinischer Name: Passer domesticus

Größe: 14–16 cm   **Gewicht:** 30 g

Geschwindigkeit: 60 km/h

Lebensdauer: 5 Jahre

Nahrung: Getreidekörner, Samen, Insekten
Natürliche Feinde: Steinmarder, Katzen, Greifvögel

🌍 weltweit in gemäßigten Zonen

Ab in den Süden

Sobald die Tage kürzer werden, sammeln sich viele Vögel, um gemeinsam in den Süden zu fliegen. Dabei legen manche Arten jedes Jahr erstaunliche Strecken zurück. Die Küstenseeschwalbe reist am weitesten: Sie fliegt fast um die halbe Welt! Die meisten Vögel verlassen uns, weil sie hier im Herbst und Winter nicht genug Nahrung finden. Sie fressen Insekten – und die verstecken sich in der kalten Jahreszeit und fallen in Winterstarre. Andere Vögel bleiben dagegen. Für sie ist der Tisch auch im Winter noch reichlich mit Samen, Kernen und Früchten gedeckt. Wenn du eine Futterstelle aufstellst, kannst du sie beobachten.

Was kann ich für die Vögel tun?

✿ Im Sommer freuen sich die Vögel, wenn du ihnen frisches Wasser anbietest (siehe Seite 64).
✿ Vögel nutzen hohe Sitzplätze für ihre Balzgesänge und als Aussichtsplattform. Wenn es in deinem Garten keinen hohen Baum gibt, kannst du hohe Stangen aufstellen.

✿ Lass im Garten in einem wilden Eck heimische Wildblumen und Kräuter wachsen, zum Beispiel Brennnesseln. Je mehr Insekten es in deinem Garten gibt, desto mehr Futter finden die Vögel.

✿ Immer seltener finden Vögel gute Nistplätze in der Natur. Baue Nistkästen (siehe Seite 58) oder hänge spezielle Nisthilfen für Schwalben, Mauersegler oder Spatzen auf.
✿ Biete den Vögeln weiches Nistmaterial an, damit die Vogelbabys ein kuscheliges Nest haben (siehe Seite 56).

WAS TUN MIT HILFLOSEN VOGELKINDERN?

• Wenn du ein scheinbar hilfloses Vogelkind entdeckst, das ansonsten aber fit aussieht und schon Federn hat, beobachtest du es heimlich etwa zwei Stunden. Meist kommen seine Eltern wieder, wenn kein Mensch in der Nähe ist.

• Wenn das Vogelkind an einem gefährlichen Ort sitzt, z. B. an der Straße, kannst du es an einen geschützten Ort in der Nähe bringen. Kind und Eltern finden einander durch Rufen wieder.

• Ein nacktes Vogelbaby kannst du vorsichtig zurück ins Nest setzen. Seine Eltern stören sich nicht am menschlichen Geruch und nehmen es wieder an.

• Wenn das Nest zerstört ist, z. B. durch ein Unwetter oder einen Nesträuber, oder wenn der Vogel wirklich verwaist oder verletzt ist, bringst du ihn in eine Vogelpflegestation (siehe Seite 119).

• Als erste Hilfe braucht ein nacktes Vogelbaby Wärme (ca. 30°C). Forme eine alte Socke zum Nest, setze das Vogelbaby hinein und platziere es auf einer Wärmflasche.

• Als Notfallfutter kannst du eine große Tasse lauwarmes, abgekochtes Wasser mit ¼ TL Salz und 2 TL Traubenzucker mischen und dem Vogelbaby in den Schnabel tropfen.

Unterstützung für den Nestbau

damit es die Vogelbabys schön kuschelig haben

1. Puste den kleinen Luftballon auf und verknote ihn. Schneide vom Draht ein 15 cm langes Stück ab und leg es beiseite. Bestimme am langen Drahtstück die Mitte und lege den Draht mit dieser mittig am Luftballon an.

2. Wickle erst das eine Ende, dann das andere Ende des Drahtes um den Luftballon, sodass eine schöne Spirale entsteht, die oben und unten zuläuft.

3. Drücke die Spirale und den Luftballon noch etwas in Form. Dann kannst du den Ballon platzen lassen und entfernen. Die überstehenden Drahtenden auf 2 cm Länge kürzen.

4. Die Enden der Spirale und des kurzen Drahtstücks rundest du mit der Feile etwas ab, damit sich die Vögel nicht daran verletzen können. Dann biegst du das untere Ende der Spirale mit der Zange zu einer kleinen Öse.

5. Führe den kurzen Draht von oben nach unten durch die Spirale und hänge das untere Ende in der Öse ein. Am oberen Ende die Drähte miteinander verdrehen und eine Öse formen.

6. Stecke das Nistmaterial in die Spirale (dazu kannst du sie in der Mitte etwas auseinanderbiegen). Zum Schluss hängst du die Spirale mit dem Jutegarn auf.

Du brauchst

- ❀ kleiner Luftballon
- ❀ lackierter Aludraht, ø 2 mm, 2 m lang
- ❀ Jutegarn, ca. 50 cm lang
- ❀ Nistmaterial (siehe Seite 57)
- ❀ kleine Kombizange
- ❀ kleine Feile

Wie versorge ich die Vögel mit Nistmaterial?

❁ Als Nistmaterial eignen sich unbehandelte Jute-, Kokos-, Kakao-, Hanf- oder Sisalfasern, getrocknetes Moos oder Gras, feine Holzwolle, Kapok oder Daunenfedern.

❁ Biete am besten verschiedene Materialien an. Vögel können sehr wählerisch sein!

❁ Fülle das Nistmaterial von März bis Ende Juli immer wieder nach. Vögel brüten bis zu drei Mal im Jahr. Die letzten Küken verlassen Anfang August das Nest.

❁ Achte darauf, dass die Fasern des Nistmaterials kurz sind, da sich die Vögel sonst mit den Füßen darin verheddern können.

❁ Hänge das Nistmaterial an einen geschützten Ort, damit es trocken bleibt.

TIPP
Wenn du gehobelte Bretter verwendest, kannst du sie auf der Innenseite des Nistkastens mit der Raspel oder einer Stahlbürste anrauen, damit sie griffiger sind. Wenn du sägeraue Bretter verwendest, glättest du sie auf der Außenseite mit Schleifpapier, damit du sie besser bemalen kannst.

Nistkasten für Höhlenbrüter

schicke Kinderstube für Meise, Spatz und Co.

1. Bitte einen Erwachsenen, einen Boden, ein Dach, eine Rückwand, zwei Seitenwände und eine Front aus den Holzbrettern zu sägen. Die genauen Maße für den Zuschnitt findest du auf Seite 123.

2. Das Einflugloch wird mit der Lochsäge in die Front geschnitten und bei Bedarf mit der Raspel vergrößert (siehe Tabelle). Lass dir dabei wieder von einem Erwachsenen helfen. Der Abstand zwischen Loch und unterer Brettkante muss 20 cm betragen, damit die Vogelkinder sicher sind.

Formen und Größen für das Einflugloch

Die Größe des Loches bestimmt, wer bevorzugt sein Nest im Kasten baut.

Lochform und -größe	Vogelart
rund, ø 26–28 mm	Blaumeise, Tannenmeise, Haubenmeise
rund, ø 32 mm	Kohlmeise, Kleiber
rund, ø 35 mm	Haus- oder Feldsperling (Spatz)
rund, ø 45 mm	Star
oval, 48 mm hoch, 32 mm breit	Gartenrotschwanz

Du brauchst

- ❀ Kiefer- oder Fichtenbrett, 2 cm stark, 20 cm x mindestens 160 cm
- ❀ Tapetenleiste, 4 mm stark, 18 mm breit, 4 x 24 cm lang, 2 x 10 cm lang, 1 x 7,5 cm lang
- ❀ Halbrundstab, 5 mm x 10 mm, 1,50 m lang
- ❀ 14 Nägel, 4 cm lang
- ❀ 8 Nägel, 2 cm lang
- ❀ 2 Schraubösen, ø 6 mm, 1,6 cm lang
- ❀ Schraubhaken, ø 1 cm, 3 cm lang
- ❀ reißfester Draht, ca. 70 cm lang
- ❀ Farbe in Hellblau, Rot, Weiß, Grün und Braun
- ❀ Klarlack für den Außenbereich
- ❀ Expressholzleim
- ❀ Gartenschlauch, ø 6 mm, ca. 50 cm lang
- ❀ Stichsäge
- ❀ kleine Bügelsäge
- ❀ Holzraspel
- ❀ Schleifpapier, 100er Körnung
- ❀ Schleifklotz
- ❀ Hammer
- ❀ Akkubohrer mit Lochsäge-Aufsatz, ø 25–45 mm
- ❀ Holzbohrer, ø 5 mm
- ❀ Pinsel in verschiedenen Größen

3. Säge in die untere Kante der Front mittig einen etwa 5 mm breiten und 2 cm tiefen Schlitz für den Verschluss. Für zusätzliche Belüftung sorgen vier Löcher, die du in den Boden bohrst (ø 5 mm).

4. Nun schrägst du die obere Kante der Rückwand ab, damit das Dach später gut aufliegt. Wenn dir ein Erwachsener hilft, kann er das Sägeblatt der Stichsäge auf 22,5 Grad stellen und die Kante damit schneiden. Du kannst aber auch 5 mm unterhalb der Kante eine Hilfslinie ziehen und die Kante mit der Raspel abschrägen.

5. Alle Kanten und Löcher mit Schleifpapier nacharbeiten. Vor allem das Einflugloch muss schön glatt sein.

6. Jetzt baust du den Nistkasten zusammen. Lege dazu die Rückwand im rechten Winkel auf die Seitenteile, sodass die Kanten bündig sind, und schlage auf jeder Seite zwei lange Nägel durch die Rückwand in die Seitenteile.

7. Setze den Boden ein, sodass die Seitenteile und die Rückwand unten 1 cm weit überstehen. Dadurch lässt sich der Kasten später leichter öffnen. Schlage rechts und links je zwei lange Nägel durch die Seitenteile in den Boden.

8. Lege die Front bündig auf und schlage in Höhe des Einflugloches auf jeder Seite einen langen Nagel durch das Seitenteil in die Front. Unten markierst du an der Vorderkante des Bodens den Schlitz und bringst den Schraubhaken an der Markierung an. Wenn du den Haken drehst, kannst du die Front öffnen und schließen.

9. Das Dach bündig zur Rückwand auflegen. Rechts und links je zwei lange Nägel durch das Dach in die Seitenteile schlagen.

10. Nun kannst du das Dach rot und die Wände hellblau anmalen. Die Tapetenleisten malst du weiß an. Nach dem Trocknen die vier langen Stücke mit den kurzen Nägeln auf dem Dach befestigen.

11. Male eine rote Tür (6 cm x 11 cm) auf die Front. Nach dem Trocknen die übrigen Tapetenleisten als Türrahmen aufkleben und die Tür mit einem weißem Muster verzieren. Das Einflugloch bekommt einen weißen Rahmen.

12. Für den Zaun die Halbrundleiste in 7 cm lange Stücke sägen und braun anmalen. Male einen etwa 6 cm hohen Grasstreifen auf den Nistkasten und nach dem Trocknen 3 cm vom unteren Rand entfernt einen 1 cm breiten braunen Balken. Trocknen lassen.

13. Klebe die Halbrundleisten als Zaunlatten auf. Zum Schluss kannst du mit weißer Farbe noch Fenster auf die Seiten malen und nach dem Trocknen alles mit Klarlack versiegeln.

14. Zum Befestigen am Baum drehst du oben auf der Rückseite rechts und links eine Schrauböse in das Holz. Den Draht an einer Öse einhängen und die Enden verdrehen. Zum Schutz der Baumrinde den Schlauch aufziehen, dann den Draht um den Baum und durch die zweite Öse führen. Das Drahtende fest anziehen, verdrehen und abschneiden.

GUT ZU WISSEN

Auch in der kalten Jahreszeit heißt es beim Nistkasten „Bitte nicht stören": Siebenschläfer, Haselmäuse oder andere Tiere nutzen das gemütliche Heim für den Winterschlaf. Auch Schmetterlinge, Ohrenzwicker, Florfliegen und andere nützliche Insekten überwintern hier gerne. In besonders kalten Nächten suchen Vögel in leeren Nistkästen Zuflucht. Manchmal ziehen statt Vögeln auch Hummeln, Hornissen, Wespen oder sogar Fledermäuse im Nistkasten ein.

Was kann ich tun, damit Vögel in den Nistkasten einziehen?

❀ Hänge den Nistkasten an einen schattigen oder halbschattigen Platz in 2–3 m Höhe.

❀ Das Einflugloch sollte nach Osten oder Südosten zeigen und nicht von Ästen verdeckt werden.

❀ Spatzen und Stare wohnen bevorzugt dicht beisammen in einer Art Mehrfamilienhaus. Meisen halten dagegen lieber etwas Abstand, weshalb im Umkreis von 10 m kein weiterer Nistkasten hängen sollte.

❀ Damit ein Nistkasten bezogen wird, müssen die Vogeleltern in der Umgebung viel Futter (Würmer und Insekten) für ihre Jungen finden.

❀ Hänge den Nistkasten schon im Herbst auf. Dann können sich die Vögel bereits im Winter mit dem Nistplatz vertraut machen.

❀ Anfang September, wenn die letzten Jungen ausgeflogen sind, öffnest du vorsichtig den Nistkasten und entfernst das alte Nest. Den Kasten reinigst du mit etwas Wasser und einer Bürste von Parasiten und Schmutz.

TIPP
Eine zusätzliche Verstärkung des Einfluglloches aus Hartholz erschwert Räubern das Weiten der Öffnung, um das Nest plündern zu können.

Challenge 4
Vogel-Bingo

Zeichnet euch ein Viereck mit neun Feldern (3x3) auf einen Zettel und schreibt in jedes Feld eine Vogelart. Nun geht ihr in die Natur und wer zuerst drei Vogel-Arten in einer Reihe –waagerecht oder senkrecht– abhaken kann, der hat gewonnen! BINGO!

TIPP
Wenn du Schrauben statt Nägeln verwendest, wird der Nistkasten stabiler. Du kannst das Holz auch zusätzlich verleimen.

Gefräßige Räuber

Sie liegen geduldig auf der Lauer und pirschen sich auf leisen Sohlen an. Katzen und Marder sind raffinierte Jäger – und Vögel eine willkommene Abwechslung auf ihrem Speiseplan. Raubtiere können nicht anders, sie müssen jagen. Aber du musst nicht hilflos dabei zusehen. Hier erfährst du, wie du die Vögel in deinem Garten vor gefährlichen Tieren schützen kannst.

Nichts für feine Nasen

Die Verpiss-dich-Pflanze verströmt ätherische Öle, die an Menthol erinnern. Katzen und Marder können den Duft nicht leiden und meiden ihn. Setze einfach eine Pflanze in der Nähe der Futterstelle oder des Nistplatzes in die Erde. Kurzfristig kann auch gemahlener Pfeffer die Schnüffler vertreiben.

Sicherheitsabstand

Futter-, Trink- und Badestellen solltest du besser nicht auf den Boden stellen. In 1,50 m Höhe hängen sie sicherer. Nistkästen hängen an einer Mauer meist geschützter als an einem Baum. Achte darauf, dass sich die Jäger nicht im Gebüsch oder auf Ästen unbemerkt anschleichen können.

Versteckspiel

Mit Dornen bewehrte Büsche wie Wildrosen oder Weißdorn sind sichere Verstecke für Vögel. In das stachelige Unterholz jagt ihnen freiwillig niemand nach. Hier können sie auch Schutz vor Angreifern aus der Luft finden. Die Früchte dieser Pflanzen sind außerdem im Winter ein leckeres Vogelfutter.

Natürlicher Stacheldraht

Vogelnester auf Bäumen kannst du mit Brombeerranken und anderen dornigen Zweigen schützen. Binde mit den Ranken einen etwa 50 cm breiten Gürtel unterhalb der ersten Äste um den Stamm des Baumes. Echter Stacheldraht ist ungeeignet, weil sich die Tiere daran verletzen können.

GUT ZU WISSEN

Fast jede zweite heimische Vogelart gilt als gefährdet oder vom Aussterben bedroht. Zu den Sorgenkindern gehören inzwischen auch Allerweltsvögel wie Lerche, Mauersegler, Schwalbe, Spatz und Star. Katze, Marder und Co. sind dafür aber kaum verantwortlich. Die Vögel finden einfach immer weniger natürlichen Lebensraum.

Vogeljäger im Porträt

Katze

Die Hauskatze gehört zu den beliebtesten Haustieren. Doch leider kann sie das Jagen einfach nicht lassen. Meist fallen ihr junge, alte oder geschwächte Tiere zum Opfer. Die gute Nachricht: Sie fängt meist nur Arten, deren Bestand nicht bedroht ist. Wer eine Katze hat, kann diese kastrieren lassen, damit die Zahl der herrenlos herumstreunenden Katzen nicht zunimmt.

Steinmarder

Tagsüber schläft er gut versteckt in seiner Höhle, nachts geht der Steinmarder auf die Jagd in unseren Gärten. Er durchstreift sein Revier als Einzelgänger und sucht nach Insekten, kleinen Nagern, Vögeln und Eiern. Zum Glück ist er kein so guter Kletterer wie sein im Wald lebender Verwandter, der Baummarder, sonst wäre wohl kein Nest im Garten vor ihm sicher.

Eichhörnchen

Das putzige und flinke Tierchen mit dem langen, buschigen Schwanz erfreut sich großer Beliebtheit. Aber es hat auch einen Ruf als Nesträuber, der es auf Vogeleier und Jungvögel abgesehen hat. Tatsächlich ernähren sich Eichhörnchen aber überwiegend von Samen und Früchten. Die kleinen Allesfresser sind tierischem Eiweiß aber nicht abgeneigt. Dennoch leben Vögel und Eichhörnchen meist friedlich zusammen und teilen oft sogar die Futterplätze.

Sperber

Dieser Greifvogel hat seinen Weg in unsere Städte und Gärten gefunden. Er ernährt sich überwiegend von kleinen und mittelgroßen Vögeln. Pfeilschnell stürzt er sich aus Hecken und Sträuchern oder von Bäumen und Dächern auf seine Beute und verfolgt sie mit wendigen Flugmanövern. Den Vögeln hilft nur die schnelle Flucht in dichtes Gestrüpp.

Freibad für Vögel

zum Planschen und Trinken

Du brauchst

- Tonuntersetzer, ø 20 cm
- Buntlack in Blau und Weiß
- Rupfengarn, 6x 1,50 m lang
- ca. 15 Perlen mit großem Loch in Blau-Grün-Tönen, ø 5–15 mm
- Pinsel

Was kann ich für die Vögel tun?

Halte das Vogelbad sauber. Reinige es im Sommer täglich mit heißem Wasser und fülle frisches Wasser zum Trinken und Baden ein.

Findest du einen kranken oder toten Vogel im Garten, muss das Vogelfreibad sofort geschlossen werden. Es könnte sein, dass sich andere Vögel durch das Wasser anstecken.

Fülle das Vogelbad mit Sand statt Wasser. Besonders Spatzen nehmen gerne ein Bad im Sand, um das Gefieder zu reinigen! Den Sand solltest du alle paar Wochen austauschen.

1. Male den Tonuntersetzer innen und am Rand satt mit blauem Lack an, damit er wasserdicht wird. Vermale dann in einer Spiralbewegung von innen nach außen etwas weißen Lack mit dem noch nassen Blau. Gut trocknen lassen.

2. Verknote die Rupfengarn-Fäden etwa 15 cm über dem unteren Ende miteinander. Nimm dann immer zwei Fäden zusammen und mach 5 cm über dem ersten Knoten einen weiteren Knoten.

3. Lege die Fäden mit den Knoten nebeneinander. Nimm den 2. und den 3. Faden und mach 10 cm über dem letzten Knoten einen weiteren Knoten. Mit dem 4. und 5. Faden und dem 6. und 1. Faden wiederholen.

4. Mache 30 cm über den letzten Knoten wieder einen Knoten mit allen Fäden. Flechte anschließend einen etwa 30 cm langen Zopf und sichere die Enden mit einem weiteren Knoten.

5. Drehe die Fäden am unteren Ende auf. Fädle einzelne Perlen auf und sichere sie jeweils mit einem dicken Knoten im Garn, damit sie nicht herunterrutschen.

6. Setze den bemalten Untersetzer in das Netz und knote das Vogelbad z. B. an einen Ast.

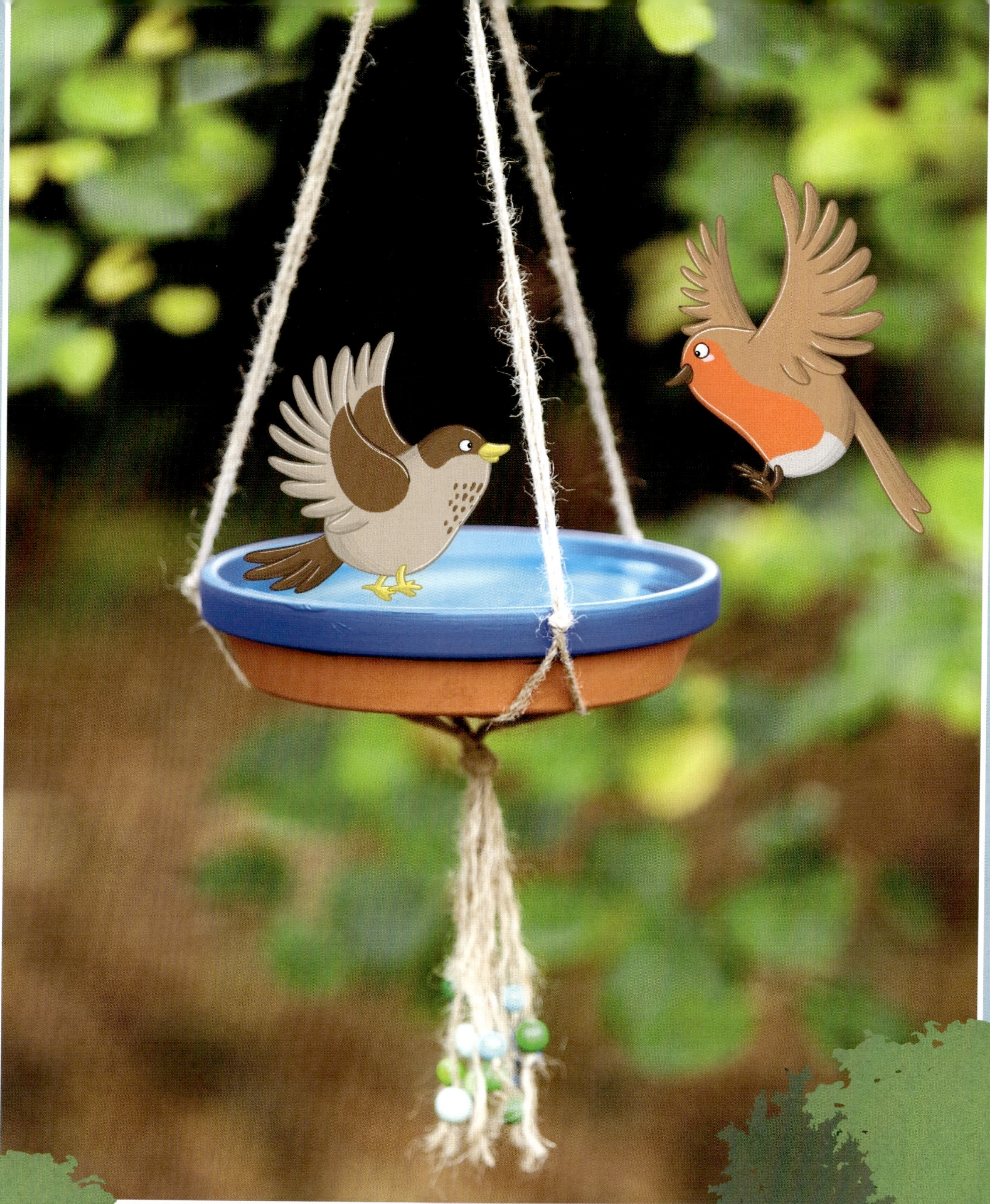

Vogel-Futterplatz

im Nu selbst gemacht

Du brauchst

* Einmachglas, ø ca. 9 cm, ca. 13 cm hoch
* Ast, ø 1–1,5 cm, ca. 20 cm lang
* Stoffrest, 14 cm x 40 cm
* Wachstuch-, Kunstleder- oder Filzrest, 6 cm x 7 cm
* 2 Ösen zum Einschlagen, ø mindestens 8 mm, mit passendem Werkzeug
* Jutegarn
* Vogelfutter
* Haushaltsgummi
* Bastelkleber oder Textilkleber
* Stecknadeln
* Nadel und Faden
* Maßband

1. Fixiere den Ast mit dem Haushaltsgummi am Glas. Leg das Maßband darum und miss den Umfang. Zähle 7 cm hinzu und schneide den Stoffstreifen mit 14 cm Breite auf diese Länge.

2. Schlage die langen Kanten des Stoffstreifens 4 cm breit nach innen, sodass sie sich überlappen. Der Stoffstreifen ist jetzt 6 cm breit. Klebe die eingeschlagenen Kanten in der Mitte aufeinander und lass den Klebstoff trocknen.

3. Lege den Stoffstreifen um das Glas und den Ast, sodass die Enden bündig aufeinanderliegen. Fixiere die Enden mit Stecknadeln und nähe sie unten am Glas zusammen. Der Stoffstreifen muss sehr eng um das Glas sitzen, damit er den Ast festhält. Entferne die Stecknadeln.

4. Entferne das Gummi und schiebe den Ast so, dass er der Naht gegenüber liegt. Lege das Wachstuchstück um die losen Enden des Stoffstreifens, fixiere es mit Stecknadeln und schlage die beiden Ösen nebeneinander ein. Beachte dazu die Herstellerangaben.

5. Fülle Vogelfutter in das Glas und hänge die Futterstelle mit dem Jutegarn an einen Ast. Jetzt können die Vögel kommen!

So fütterst du die Vögel richtig:

❀ Nicht jeder Vogel frisst das Gleiche. Lies auf der nächsten Seite, welches Futter für wen geeignet ist.

❀ Fülle das Futter regelmäßig nach, damit die Vögel immer etwas zum Fressen finden.

❀ Achte darauf, dass das Futter im Glas nicht nass wird. Überprüfe immer wieder, dass die Öffnung nicht nach oben gekippt ist.

❀ Damit Räuber keine Chance haben, hängst du das Futterhaus 1,50 m über dem Boden auf. Der Platz sollte Vögeln eine freie Sicht bieten. Ein Busch oder Baum in der Nähe bietet zusätzlich Schutz.

Guten Appetit!

Das richtige Vogelfutter für jeden Geschmack

Nicht jeder Vogel frisst das Gleiche. Vögel werden daher nach ihren Vorlieben in Körnerfresser und Weichfutterfresser unterteilt. Je vielfältiger das Futterangebot im Winter ist, desto mehr Arten tummeln sich an der Futterstelle. Zu den Körnerfressern gehören Meise, Grünfink, Dompfaff (Gimpel), Zeisig, Stieglitz und Sperling (Spatz). Ihnen kannst du Sonnenblumenkerne, gehackte Nüsse, Getreidekörner, Buchweizen und ölhaltige Samen wie Mohn, Lein und Hanf anbieten. Der Buchfink und der Kernbeißer mögen auch Bucheckern. Der Eichelhäher freut sich über Erdnüsse, Maiskörner und Eicheln.

Zu den Weichfutterfressern gehören Amsel, Drossel, Rotkehlchen, Heckenbraunelle, Kleiber, Specht, Zaunkönig und der Star. Sie freuen sich über ungeschwefelte Rosinen, geschälte Sonnenblumenkerne, Getreideflocken, Kleie, feine Saaten wie Mohn und Mehlwürmer. Auch ein aufgeschnittener Apfel ist eine leckere Mahlzeit.

Allen Vögeln gemeinsam ist die Liebe für Fettfutter. Du kannst Haferflocken in Pflanzenfett tränken und den Vögeln anbieten oder ihr Lieblingsfutter mit Kokosfett oder naturbelassener Erdnussbutter vermischen. Ein Rezept dafür findest du auf dieser Seite unter „Leckere Zapfen".

Erdnusskranz

Nimm zwei Hände voll Erdnüsse mit Schale und stich jeweils mit einem Zahnstocher mittig ein Loch durch die Schale. Fädle die Nüsse auf einen etwa 30 cm langen Draht. Forme den Draht zum Kreis und verdrehe die Enden. Den Nusskranz mit etwas Garn aufhängen.

Leckere Zapfen

Nimm sechs Kiefernzapfen und binde zum Aufhängen oben etwas Garn fest. Mische in einer Schüssel 200 g Kokosfett mit 200 g Vogelfutter und streiche die Mischung mit den Fingern in die Zapfen. Bei Bedarf kurz ins Gefrierfach stellen, damit das Fett fest wird. Fertig!

Das kannst du beim Füttern beachten:

❀ Die meisten Weichfutterfresser fressen am liebsten am Boden. Wähle einen gut überschaubaren Ort, damit die Vögel sich anschleichende Katzen früh entdecken können.

❀ Achte immer darauf, dass das Futter nicht nass wird, wechsle immer wieder den Platz der Bodenfutterstelle oder verwende einen speziellen Bodenfutterspender, damit die Vögel nicht krank werden.

❀ Damit das Futter keine Ratten anlockt, entfernst du täglich am Boden liegende Samen. Das Futter für Weichfutterfresser kannst du über Nacht, wenn die Vögel schlafen, hereinholen.

❀ Biete den Vögeln von November bis Ende Februar Futter an, dann kommen sie gut über den Winter.

WARUM FLIEGEN VÖGEL GEGEN DIE SCHEIBEN?

Glasscheiben sind für Vögel unsichtbar. Manchmal spiegeln sich darin auch Bäume oder der blaue Himmel, was die Vögel in die Irre führt. Die Vögel prallen dann im vollen Flug gegen das Glas und bekommen eine Gehirnerschütterung oder brechen sich das Genick.

Du brauchst

❀ Klebefolie fürs Fenster, z. B. in Pink
❀ Lineal
❀ Bleistift
❀ Schere

Vorlage Seite 122

Vogelschutz fürs Fenster

dekorativ und zugleich sehr nützlich

1. Zeichne mit dem Lineal 1 cm breite Streifen auf der Papierseite der Klebefolie an und schneide sie aus. Die Länge der Streifen kannst du an die Breite der Fensterscheibe anpassen und abwechseln.

2. Zeichne mithilfe der Vorlage verschiedene Vögel auf der Papierseite der Klebefolie an und schneide sie aus. Je mehr Vögel, desto schöner wird dein Fensterbild.

3. Klebe die Streifen und die Vögel von außen an das Fenster. Achte dabei darauf, dass der Abstand zwischen den Zweigen höchstens 10 cm groß ist. Sonst wirkt der Schutz nicht.

Was kann ich zum Schutz der Vögel tun?

❀ Beklebe Scheiben, gegen die die Vögel fliegen, mit Stickern – am besten in leuchtenden Farben wie Pink oder Orange.
❀ Klebe die Sticker unbedingt von außen auf die Scheiben, weil sie so besser für die Vögel sichtbar sind. Die Sticker sollten am besten ein Viertel der Scheibe bedecken und keine großen Lücken haben. Auch ein Vorhang oder ein Rollo hinter dem Fenster kann die Gefahr für Vögel, die durch das Fenster durchfliegen wollen, verringern.
❀ Wo es möglich ist, kann man auch einfach auf das Fensterputzen verzichten. Dadurch wird die Scheibe ganz natürlich für Vögel sichtbar.

Kecke Eichhörnchen

Schnell wie der Blitz klettern sie die Stämme hinauf, balancieren über Äste und springen von Baum zu Baum. Eichhörnchen sind kleine Wirbelwinde und scheinbar immer gut gelaunt. Sie leben gern in der Nähe der Menschen und sind häufig in unseren Gärten zu Gast.

Warum verstecken Eichhörnchen ihr Futter?

Anders als andere Tiere machen Eichhörnchen keinen Winterschlaf. Sie fressen sich darum auch keinen Winterspeck an, von dem sie während der kalten Jahreszeit zehren könnten. Damit sie dennoch gut über den Winter kommen, legen Eichhörnchen Wintervorräte an. Im Herbst, wenn der Tisch reich mit Zapfen, Nüssen und Samen gedeckt ist, fangen sie an, einen Teil davon zu verstecken. Da Eichhörnchen sich meist nicht alle Verstecke merken können, helfen sie ganz nebenbei vielen Bäumen bei der Vermehrung. Sie verteilen die Samen und graben sie in die Erde ein, sodass neue Bäume und ganze Wälder wachsen können.

Warum haben Eichhörnchen einen so buschigen Schwanz?

Der Schwanz der Eichhörnchen kann bis zu 20 cm lang werden. Er hilft ihnen, beim Klettern das Gleichgewicht zu halten. Beim Springen wird er als Steuerruder eingesetzt. Und manchmal verwenden Eichhörnchen ihren Schwanz sogar, um sich miteinander zu verständigen. Der buschige Schwanz ist aber auch beim Schlafen sehr praktisch. Damit kann man sich nämlich wunderbar zudecken!

GUT ZU WISSEN!

Eichhörnchen fressen übrigens, anders als ihr Name es erwarten lässt, keine Eicheln. Die Früchte enthalten Gerbsäure und würden ihnen schwer im Magen liegen.

Das haben Eichhörnchen zum Fressen gern:

❀ Mit Haselnüssen, Walnüssen, Fichten- und Kiefernzapfen kannst du Eichhörnchen glücklich machen. Außerdem essen sie gerne Sonnenblumenkerne und Bucheckern.

❀ Füttere die Eichhörnchen in sicherer Höhe, am besten mit einem speziellen Futterkasten mit Sitzbrett (siehe nächste Seite). Hänge den Kasten mit baumfreundlichen Alunägeln oder, wie beim Nistkasten auf Seite 60 (Schritt 14) beschrieben, mit Draht und einem Stück Gartenschlauch auf.

❀ Bei milden Temperaturen gibt es im Winter ausreichend Nahrung. Aber wenn der Boden gefriert oder mit einer festen Schneedecke überzogen ist, kommen Eichhörnchen nicht an ihr Futterdepot. Dann freuen sie sich über eine Zufütterung im Futterkasten.

Konkurrenz im grauen Pelz

Eichhörnchen sind hierzulande nicht bedroht. In Großbritannien und Norditalien haben sie aber inzwischen einen großen Konkurrenten: das Grauhörnchen. Es ist vor rund hundert Jahren aus Amerika nach Europa eingewandert. Da es stärker, anpassungsfähiger und geschickter bei der Nahrungssuche ist, hat es vielerorts das Europäische Eichhörnchen aus seinen Revieren verdrängt.

Der natürliche Lebensraum des Europäischen Eichhörnchens ist außerdem durch intensive Forstwirtschaft bedroht. Eichhörnchen leben vorwiegend in Nadelwäldern oder Mischwäldern mit großen, alten Bäumen, die viele Früchte und Samen tragen. Wenn diese Bäume gefällt werden, finden die Eichhörnchen nicht mehr genug Nahrung und Platz für sichere Schlafplätze (Kobel). Meist bleibt ihnen nichts anderes übrig, als in andere Gegenden abzuwandern. In Städten sind Eichhörnchen in Parks und Grünanlagen mit großen, alten Nadelbäumen zu finden.

Eichhörnchen

Lateinischer Name: Sciurus vulgaris

Größe: 20–25 cm   **Gewicht:** 200–400 g

Geschwindigkeit: 25 km/h

Lebensdauer: 10 Jahre

Nahrung: Samen, Nüsse, Beeren, Früchte, Pilze, Insekten, Schnecken, Würmer
Natürliche Feinde: Greifvögel, Marder, Katzen

 Europa, Asien, Amerika

Futterkasten für Eichhörnchen

macht kleine Nager glücklich

Du brauchst

- Multiplexplatte, 12 mm stark, 18 cm x 26 cm (Rückwand) und 14,5 cm x 23 cm (Boden), sowie 8 mm stark, 14,5 cm x 20 cm (Deckel)
- 2 Holzbretter, 18 mm stark, 12 cm x 18 cm (Seitenwände)
- Hobbyglas, 2 mm stark, 9,5 cm x 15,5 cm
- Ast, ø 1 cm, 17 cm lang, der Länge nach halbiert
- festes Wachstischtuch, 3 cm x 18 cm
- Farbe und Klarlack für den Außenbereich
- 8 Senkkopfschrauben, 3,5 mm x 35 mm
- 10 Nägel, 1,5 cm lang
- Handsäge
- Holzbohrer, ø 3 mm
- Hammer
- Schleifpapier, 100er Körnung
- Schraubenzieher
- Pinsel

1. Miss an der Vorderkante der Seitenwände 13 cm nach oben und ziehe von dort eine schräge Linie bis zum oberen Ende der hinteren Kante. Säge die Bretter entlang der Linie ab.

2. Nun sägst du auf der Innenseite der Seitenwände jeweils einen Schlitz, in den später die Scheibe eingesetzt wird. Der Schlitz verläuft mit 1 cm Abstand parallel zur 13 cm langen Vorderkante. Er muss mindestens 5 mm tief sein.

3. Bohre oben in die Ecken der Rückwand zwei Löcher zum Aufhängen. Dann alles mit Schleifpapier glätten und nach Wunsch die Ecken runden.

4. Bemale alle Teile nach Lust und Laune mit Farbe und lass sie gut trocknen. Danach kannst du noch eine Schicht Klarlack auftragen, damit der Futterkasten wetterfester wird.

5. Verbinde zuerst den Boden und die Rückwand. Setze dazu den Boden mittig am unteren Ende der Rückwand an und drehe zwei Schrauben durch die Rückwand in den Boden.

6. Fixiere die Seitenwände bündig mit je zwei Schrauben am Boden und einer oben an der Rückwand. Danach kannst du die Scheibe in die Schlitze schieben.

7. Zum Schluss bringst du den Deckel an. Lege dazu das Wachstischtuch 1 cm weit oben auf den Deckel, lege eine Asthälfte darüber und schlage sie mit fünf Nägeln ein. Das andere Ende des Wachstischtuchs bringst du mit der zweiten Asthälfte an der Rückwand an. Nun hat der Kasten ein wasserdichtes Scharnier.

Challenge 5
Schätzmeister

Wer von dir und deinen Freunden kann am besten das Gewicht von Nüssen und Co. schätzen? Jeder sammelt für sich möglichst genau 1 kg Haselnüsse, Walnüsse, Bucheckern oder Zapfen. Am Ende wird mit der Waage geprüft. Wer am nächsten an dem vereinbarten Gewicht liegt hat gewonnen!

TIPP
Bohre die Löcher für die Schrauben am besten immer vor, damit das Holz nicht reißt!

Was krabbelt und flattert da?

Im Garten kannst du allerlei Getier entdecken – echte Plagegeister wie Blattläuse oder wahre Helden wie Marienkäfer, Ohrwürmer, Flor- und Schwebfliegen. Hier kannst du mehr über die nützlichen Garden-Heroes erfahren.

Ohrwurm

Dieses Insekt wird auch Ohrenkneifer genannt. Aber keine Angst, es kneift nicht wirklich mit seinen langen Zangen in die Ohren! Der Name kommt daher, dass der Ohrwurm früher bei Ohrenschmerzen als Pulver ins Ohr gestreut wurde. Heute schätzen wir ihn wegen seines großen Appetits auf Blattläuse und die Eier des Apfelwicklers.

Schwebfliege

Schwebfliegen sind tolle Luftakrobaten. Mit bis zu 300 Flügelschlägen in der Sekunde können sie wie ein Kolibri in der Luft stehen oder blitzartige Flugmanöver machen – im Vorwärts- und Rückwärtsgang. Die Schwebfliegen ernähren sich von Nektar und Pollen und sind nach den Bienen die wichtigsten Bestäuber. Ihre Larven sind großartige Blattlausvernichter.

Marienkäfer

Der Marienkäfer ist ein Glücksbringer, denn wenn die Bauern früher viele Käfer auf ihren Feldern fanden, folgte meist eine gute Ernte. Das verlieh ihm auch seinen Namen. Denn so viel Glück konnte nur von der heiligen Mutter Maria kommen. Ob rot, gelb, schwarz oder orange, mit oder ohne Punkten: Alle Marienkäfer sind hervorragende Blattlausvernichter.

Florfliege

Die Florfliege ist meist grün oder hellbraun, besitzt hauchzarte Flügel und ist nicht besonders groß. Die Spannweite der in Europa lebenden Arten reicht von 6 mm bis 35 mm. Ihre Larven haben einen großen Appetit, was ihnen den Beinamen „Blattlauslöwen" eingebracht hat. Eine einzelne Larve frisst mehrere hundert Blattläuse. Die Fliegen selbst lieben Pollen, Nektar und Honigtau.

Nützlinge anlocken

Wie kommen die nützlichen Garden-Heroes in meinen Garten, damit sie dort die Läuse fressen? Gärtner behelfen sich damit, dass sie die Larven züchten oder kaufen. Meist finden die Insekten den Weg auf der Suche nach Nahrung und geeigneten Plätzen für die Eiablage aber ganz allein. Du kannst jedoch auch mit ein paar einfachen Tricks nachhelfen:

Ohrwürmer wollen einen engen, leicht feuchten Schlafplatz. Ein Ohrwurmhaus ist ideal (siehe nächste Seite). Mit etwas Glück findest du ein paar Ohrwürmer in der Nähe von fauligem Obst oder unter Steinen. Stelle das Ohrwurmhaus ein paar Tage dort auf den Boden. Sobald es besiedelt ist, kannst du es an einen mit Blattläusen befallenen Baum oder Strauch hängen.

Schwebfliegen werden vom Duft weiß blühender Doldenblütler magisch angezogen. Wenn du Schwebfliegen in deinen Garten locken möchtest, kannst du zum Beispiel Schafgarbe, Wilde Möhre, Bibernelle, Meisterwurz oder Bergfenchel aussäen. Im Herbst fliegen die meisten Schwebfliegen in den Süden, sie benötigen also kein Winterquartier.

Marienkäfer kannst du einfach vorsichtig aufnehmen und auf eine Pflanze umsetzen, die stark mit Läusen befallen ist. Wenn es genug zu fressen gibt, werden sie ihre orange-gelben Eier an den Blattunterseiten ablegen, aus denen dann die sechsbeinigen Larven schlüpfen. Im Hebst suchen sich Marienkäfer meist in Scharen einen trockenen Schlafplatz. Du kannst versuchen, ihnen einen großen, mit Laub gefüllten Tontopf für den Winterschlaf anzubieten (siehe nächste Seite).

Florfliegen kannst du mit Katzenminze anlocken. Die Fliegen lieben den Duft der lila Blüten! Im Winter freuen sich Florfliegen über ein trockenes Plätzchen. Du kannst ihnen lockeres Stroh in einem Tontopf aufhängen (siehe nächste Seite). Florfliegen stehen übrigens auf Rot. Ein Anstrich in ihrer Lieblingsfarbe ist daher empfehlenswert.

Marienkäfer
Lateinischer Name: Coccinellidae

Größe: 4–10 mm

Gewicht: 50 mg

Geschwindigkeit: bis zu 60 km/h

Lebensdauer: 1–2 Jahre

Nahrung: Blatt- und Schildläuse
Natürliche Feinde: Ameisen, Eidechsen, Spinnen, Vögel

🌍 weltweit (außer Antarktis)

Schlafplatz für kleine Nützlinge

hier fühlen sich Ohrwürmer, Marienkäfer und Co. pudelwohl

1. Bemale den Tontopf wie abgebildet oder nach Lust und Laune mit der Farbe und lass die Farben gut trocknen. Die Punkte kannst du mit dem Wattestäbchen auftupfen. Gut trocknen lassen.

2. Knote das Jutegarn mittig an den dünnen Ast und fädle die losen Enden von innen nach außen durch das Loch im Boden, sodass der Ast sich im Innern des Topfs befindet. Verknote die losen Enden miteinander, sodass eine Aufhängung entsteht.

3 Hole den Ast wieder ein Stück heraus, fülle den Topf mit Holzwolle und zieh den Ast wieder in den Topf, sodass er die Holzwolle im Topf festhält. Jetzt kannst du das Ohrwurmhaus aufhängen.

Das kannst du für Ohrwürmer tun:

✿ Achte darauf, dass es in der Nähe des Ohrwurmhauses genügend Läuse zum Fressen gibt. Ohrwürmer knabbern nämlich auch gerne an zarten Blüten und Knospen, weshalb sie bei manchen Gärtnern einen schlechten Ruf haben. Wenn die Ohrwürmer alle Läuse aufgefressen haben, ziehen sie also am besten mitsamt ihrem Haus an einen anderen Strauch um, wo sie wieder genügend Läuse zum Fressen finden.

✿ Ohrwürmer können nicht fliegen. Hänge die Tontöpfe darum so auf, dass die Ohrwürmer gut über einen Ast oder Zweig hineinklettern können. Eine große Kletterhilfe sind auch einzelne Holzwollefasern, die unten aus dem Topf herausragen.

✿ Holzwolle hat sich bei Ohrwürmern als Füllmaterial bewährt. Marienkäfer suchen gerne Schutz zwischen Blättern, Florfliegen mögen lockeres Stroh.

Du brauchst

* Tontopf, ø 8–9 cm
* Farbe in Hellblau, Rot und Weiß
* dünner Ast, 6 cm lang
* Jutegarn, 50 cm lang
* Holzwolle oder anderes Füllmaterial
* Pinsel
* Wattestäbchen

Du brauchst

- alter Ball, ø 18–20 cm
- Aludraht, ø 2 mm, 2 x 30 cm lang
- 2 Holzperlen in Schwarz, ø 1,8 cm
- Buntlack in Rot
- Acrylfarbe in Schwarz und Weiß
- feiner Filzstift in Schwarz
- Gelschreiber in Weiß
- Flachpinsel
- feiner Rundpinsel
- kleine spitze Schere
- rundes Gefäß, ø 16 cm

Vorlage Seite 122

Glücksbringer fürs Blumenbeet

ein tolles Upcycling-Projekt

1. Setze den Ball auf das Gefäß, damit er ruhig liegen bleibt, und male den sichtbaren Bereich des Balls rot an. Lass die Farbe gut trocknen und wiederhole den Anstrich. Noch einmal trocknen lassen.

2. Male 2 cm unterhalb der dicksten Stelle des Balls rundum eine waagerechte schwarze Linie auf und lass sie trocknen. Lege die Vorlage für das Gesicht an der Linie an, übertrage den Halbkreis mit dem schwarzen Filzstift und male ihn mit schwarzer Acrylfarbe aus.

3. Male nun die 1 cm breite schwarze Mittellinie auf. Sie beginnt oben am Gesicht und endet hinten an der angezeichneten waagerechten Linie.

4. Am hinteren Ende der Mittellinie die Vorlage für das Hinterteil an der waagerechten Linie anlegen. Übertrage die Form mit dem Filzstift und male das Hinterteil schwarz an.

5. Die Augen zeichnest du mithilfe der Vorlage mit dem Gelschreiber auf und malst sie dann mit weißer Acrylfarbe aus. Nach dem Trocknen zeichnest du die Pupillen darauf an und malst sie schwarz aus.

6. Nun bekommt jeder Flügel drei schwarze Punkte. Zeichne sie mithilfe der Vorlage mit dem Filzstift an und male sie mit Acrylfarbe aus. Achte darauf, dass die Punkte auf beiden Flügeln möglichst gleich verteilt sind.

7. Stich nun am Gesicht für die Fühler rechts und links von der Mittellinie vorsichtig ein kleines Loch in den Ball. Je eine Perle auf einen Draht fädeln und das Ende noch einmal durch die Perle ziehen, sodass sie fest sitzt. Die Fühler in die Löcher stecken und etwas in Form biegen.

8. Nun darf der fertige Marienkäfer in den Garten oder ins Blumenbeet umziehen. Dazu einfach eine kleine Kuhle graben und den Ball hineinsetzen.

Spinnenalarm!

Spinnen gehören bei vielen Menschen zu den eher gefürchteten Garten- und Hausbewohnern. Schnell wird ihnen ohne zu überlegen mit Staubsauger, Zeitung oder Pantoffel nachgestellt. Dabei sind die achtbeinigen Tiere sehr nützlich und oftmals wahre Künstler. Es lohnt sich also, Spinnen genauer zu betrachten.

Im Netz der Spinne

Ausgestattet mit acht flinken Beinen, die kleinste Schwingungen wahrnehmen, stürzt sich die Spinne auf ihre Beute, die hilflos im Spinnennetz zappelt. Schnell lässt sie ihr Opfer im Kreis drehen und spinnt es dabei mit festen Fäden ein. Dann schlägt sie ihre Klauen, die sie wie Taschenmesser aus- und einklappen kann, in den Körper des Opfers und spritzt Gift in die Wunde. Das Opfer ist augenblicklich betäubt oder getötet und wird von der Spinne ausgesaugt oder als Vorrat im Netz aufgehängt. Danach kehrt die Spinne zurück in ihr Versteck und wartet geduldig, bis sich die nächste Beute in ihrem Netz verfängt.

Bio-Fliegenbekämpfung

Spinnen helfen uns sehr wirkungsvoll, lästige Fliegen und Stechmücken loszuwerden. Biologen haben ausgerechnet, dass Spinnen allein in Deutschland jedes Jahr 4,5 Millionen Tonnen Insekten fressen.

Kunst zum Bestaunen

Besonders am Morgen, wenn der Tau auf den Wiesen liegt, kann man die Netze der Radwebspinnen bestaunen. Sie sind wahre Kunstwerke. Das Grundgerüst bauen die Spinnen aus besonders reißfesten Fäden, dazwischen werden in einer Spirale feine Fangfäden mit klebrigen Tröpfchen angebracht. Beschädigte Netze, die nicht mehr repariert werden können, werden übrigens einfach aufgefressen und neu gebaut. Dazu braucht eine Spinne etwa 20 m Faden und eine halbe Stunde Zeit. Wie lange brauchst du, um ein solches Netz zu bauen? Auf Seite 86 findest du eine Anleitung. Stoppe doch mal die Zeit, die du zum Knüpfen brauchst!

Hilf mit, Spinnen zu schützen

Manche Spinnen, wie die Hauswinkelspinne oder die Zitterspinne, leben das ganze Jahr über gerne bei uns im Haus. Andere Arten zieht es vor allem im Herbst in die warme Stube. Der Ekel, aber auch die Angst vor den Tieren sorgen dafür, dass sie dort meist unbeliebte Gäste sind. Trotzdem solltest du den Tieren nicht mit dem Staubsauger, mit Schuhen oder mit einer Zeitung auf den Leib rücken. Setze die ungeliebten Nützlinge besser lebend wieder vor die Tür. Dazu kannst du dir als Tierretter einen praktischen Spinnenfangbecher basteln (siehe Seite 84).

Vor allem bei der zarten Zitterspinne lohnt es sich, über ein Bleiberecht nachzudenken. Sie fängt nicht nur Mücken und Fliegen, sondern stellt auch der großen Hauswinkelspinne nach, die sie mit ihren dreidimensionalen Netzen fängt. Außerdem leben Zitterspinnen meist im Keller.

Für alle anderen Spinnenarten gilt, dass sie eine hohe Luftfeuchtigkeit brauchen, um überleben zu können. Eine Gartenkreuzspinne oder eine kleine Zebraspringspinne, die sich in unser Haus verirrt, kann dort nicht lange überleben. Spätestens die trockene Heizungsluft trocknet diese Spinnen aus. Du kannst ihnen aber helfen, indem du sie einfängst und wieder nach draußen bringst.

Gartenkreuzspinne
Lateinischer Name: Araneus diadematus

Größe: 1–1,8 cm   **Gewicht:** 100–150 mg
Geschwindigkeit: 1,5 km/h
Lebensdauer: 2 Jahre

Nahrung: Insekten
Natürliche Feinde: Vögel, Reptilien, Amphibien

🌐 Mitteleuropa

GUT ZU WISSEN!

Keine der bei uns heimischen Spinnenarten ist für Menschen gefährlich. Selbst der Biss einer großen Gartenkreuzspinne gleicht eher einem schmerzhaften Zwicken oder einem Wespenstich. Wenn du nicht allergisch bist, ist der Biss ansonsten ohne Folgen.

Unsere heimischen Spinnen flüchten übrigens lieber oder stellen sich tot, wenn du ihnen zu nahe kommst. Gebissen wird nur in wirklich allergrößter Not.

Spinnenfänger

setzt unliebsame Gäste einfach vor die Tür

Die Spinnenfänger in Aktion

❀ Verfolge die Spinne und stülpe den Becher über das Tier.

❀ Achte besonders bei Spinnen mit langen Beinen darauf, dass du sie nicht verletzt.

❀ Halte den Becher mit der einen Hand fest und schiebe mit der anderen vorsichtig die dünne Pappe unter den Becher. Achte dabei wieder darauf, dass du die Spinne nicht einklemmst.

❀ Hebe die Pappe vorsichtig an und trage die Spinne nach draußen an einen sicheren Ort. Der Becher bleibt auf die Pappe gedrückt, damit die Spinne nicht abhauen kann.

❀ Heb den Becher ab und lass die Spinne in die Freiheit krabbeln.

❀ Natürlich kannst du mit dem Becher auch andere Insekten retten, die sich in dein Zuhause verirrt haben und den Weg nicht mehr allein nach draußen finden.

1. Schneide für den Spinnenfänger das obere Ende der Flasche sauber mit der Schere ab. Achte darauf, dass der Rand gerade ist, damit du eine Spinne fangen kannst, ohne dass sie unter dem Rand wieder herauskrabbeln kann.

2. Schneide mit dem Messer ein etwa 2 cm langes Stück vom Korken ab und stecke es oben in die Flaschenöffnung, damit sich dort kein Tier verstecken kann.

3. Verstärke nun den Rand mit dem Klebeband. Klebe das Band dazu etwa 1 cm breit von außen auf den Rand, schlag es dann nach innen ein und klebe es auf der Innenseite ebenfalls fest.

4. Bring die Vorlage nach Belieben von innen am Spinnenfänger an und male die Spinnen außen mit dem schwarzen Windowcolor auf. Nach dem Trocknen die Augen weiß ausmalen und noch einmal trocknen lassen. Fertig ist der Spinnenfänger.

Du brauchst

❀ Plastikflasche mit Deckel, 1,5 l Inhalt
❀ Weinkorken, ø passend zur Öffnung der Flasche
❀ dünne Pappe, 10 cm x 10 cm
❀ extrastarkes Textilklebeband in Grün, 2 cm breit
❀ Windowcolor in Schwarz und Weiß
❀ Klebefilm
❀ Schere
❀ scharfes Messer

Vorlage Seite 125

Dekoratives Spinnennetz

einmal weben wie eine Spinne

1. Verbinde die vier Äste an den Enden miteinander, sodass ein Quadrat entsteht. Lege die Enden dazu über Kreuz, umwickle sie mit etwas Paketschnur und mach einen festen Knoten.

2. Bring die Spannfäden des Spinnennetzes an: einmal waagerecht, einmal senkrecht und zweimal diagonal. Knote die Enden fest an die Äste.

3. Nimm ein etwa 2 m langes Stück Paketschnur und knote es in der Mitte des Netzes fest. Führe die Schnur gegen den Uhrzeigersinn spiralförmig um die Mitte herum und knote sie an jeden Spannfaden, den du dabei kreuzt. Am Ende die Schnur mit einem doppelten Knoten sichern.

4. Für die Spinne malst du den Flaschendeckel wie abgebildet an. Verdrehe die Pfeifenputzer mittig miteinander, fächere die Enden auf und klebe den Deckel darauf. Wenn der Klebstoff getrocknet ist, kannst du die Beine in Form biegen und die Spinne in ihr Netz setzen.

Du brauchst

- 4 Äste, ø ca. 1,5 cm, 35 cm lang
- Paketschnur
- Flaschendeckel aus Kunststoff, ø ca. 3 cm
- Pfeifenputzer in Orange, 4 x 15 cm lang
- Lackmarker in Schwarz und Weiß
- Bastelkleber

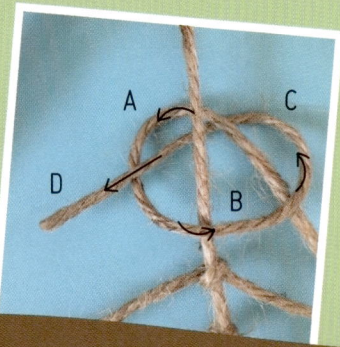

So machst du die Knoten

Führe die Schnur unter dem Spannfaden nach links (A). Dann geht es über dem Spannfaden im Bogen zurück nach rechts (B). Führe die Schnur über den Faden auf der rechten Seite (C) und dann hinter den Fäden wieder nach links und durch die Schlaufe nach oben (D). Die Schnur bildet jetzt eine Art Brezel, durch deren Mitte der Spannfaden läuft. Fest anziehen.

Garden-Heroes

in der Erde und im Dunkeln

Lautlose Jäger der Nacht

Mops, Hufeisennase, Mausohr, Abendsegler – unsere heimischen Fledermausarten haben lustige Namen. Wenn nur die Vampirzähne nicht wären, da kann man sich schon ein wenig gruseln. Aber keine Angst, Fledermäuse sind keine gefräßigen Blutsauger. Sie sind sehr friedliche und nützliche Insektenjäger.

Sehen mit den Ohren

Bei Tag hängen sie mit dem Kopf nach unten in Dachstühlen, Höhlen oder Mauerritzen und schlafen. Nachts gleiten sie lautlos durch die Luft und gehen auf die Jagd. Selbst in völliger Dunkelheit fliegen sie, ohne gegen einen Baum oder eine Wand zu stoßen. Wie machen sie das?

Fledermäuse sehen mit den Ohren. Im Flug stoßen sie Laute aus, die so hoch sind, dass wir sie nicht hören können. Treffen diese Ultraschalltöne auf eine Mauer oder auf ein Insekt, kommt ein Echo zurück. Die Fledermäuse spüren dieses Echo mit ihren Ohren und können damit ihre Umgebung oder Beute genau orten.

Fledermäusen auf der Spur

Von Mitte August bis Mitte September lassen sich Fledermäuse am besten in der freien Natur beobachten. Viele Naturschutzgruppen bieten in dieser Zeit Wanderungen oder Veranstaltungen an, bei denen du die Nachtschwärmer hautnah erleben kannst.

Sind Fledermäuse bedroht?

Ja, denn Fledermäuse finden immer weniger alte Häuser, in deren Dachstuhl, Gewölbekeller und Mauerspalten sie sich einquartieren können. Auch alte Bäume, in denen Fledermäuse eine sichere Schlaf- und Nisthöhle finden, werden immer seltener. Außerdem brauchen Fledermäuse viele Insekten, um satt zu werden. Weil aber in der herkömmlichen Landwirtschaft Insektengifte zum Einsatz kommen, finden die Fledermäuse oft nicht mehr genug zum Fressen.

GUT ZU WISSEN!

Fledermäuse haben ein Sommer- und ein Winterquartier. Im Sommer suchen sie warme und trockene Plätze, an denen sie ihre Jungen aufziehen können. Im Winter mögen sie es feucht und angenehm kühl, um ungestört ihren Winterschlaf halten zu können.

Fledermaus im Haus, was nun?

Manchmal verirren sich im Sommer junge Fledermäuse in unsere Häuser. Wenn du ein schlafendes Tier entdeckst, lässt du es am besten weiterschlafen. Achte aber darauf, dass alle Türen geschlossen sind, damit sich das Tier nicht noch weiter im Haus verirren kann. Am Abend öffnest du ihm dann ein Fenster, damit es zum nächtlichen Jagen wieder hinausfliegen kann. Wenn du ganz sicher gehen willst, dass die Fledermaus den Weg nach draußen findet, kannst du dich ruhig in eine Ecke stellen und ihr zuschauen, bis sie das Fenster ortet und hinausfliegt.

Wenn du eine erschöpfte Fledermaus findest, kannst du sie bis zum Abend an einen sicheren Ort bringen. Zieh dicke Handschuhe an, damit dich das verängstigte Tier nicht kratzen oder beißen kann. Nimm einen Handfeger und schiebe das Tier damit vorsichtig in eine Pappschachtel mit Deckel. Lege ein Handtuch in die Schachtel und biete dem Tier etwas zum Trinken an. Dazu reicht es, wenn du vorsichtig mit einem Teelöffel Wasser die Schnauze benetzt und das Tier das Wasser aufleckt. Am Abend bringst du das Tier zurück zur Fundstelle und öffnest den Karton, damit es wieder fortfliegen kann.

Fledermaus
Lateinischer Name: Microchiroptera

Größe: 2–14 cm **Gewicht:** 3–40 g

Geschwindigkeit: bis zu 100 km/h

Lebensdauer: 10–30 Jahre

Nahrung: Insekten
Natürliche Feinde: Katzen, Marder, Greifvögel, Eulen

 weltweit (außer Antarktis)

Wie kann ich Fledermäusen helfen?

❀ Wenn sich öfter eine Fledermaus bei euch im Haus verirrt, kannst du im August und im September ein Fliegenschutznetz vor den Fenstern anbringen. Das hält die Fledermäuse ab.

❀ Wenn die Fledermaus verletzt ist oder am Abend nicht von allein davonfliegt, braucht sie die erfahrene Hand eines Experten. Am besten erkundigst du dich nach einer Fledermaus-Pflegestation in eurer Nähe. Auf Seite 119 erfährst du, wie du die Adresse rausfinden kannst.

❀ Achtung: Wenn dich die Fledermaus trotz aller Vorsicht gekratzt oder gebissen hat, solltest du es sofort einem Erwachsenen sagen und auf alle Fälle zum Arzt gehen. Es kommt zwar selten vor, aber Fledermäuse können Tollwut haben.

❀ Hilf den Fledermäusen, einen Schlafplatz zu finden, und hänge Fledermauskästen auf. Eine Bauanleitung für einen solchen Kasten findest du auf den nächsten Seiten.

Fledermauskasten

gemütlicher Schlafplatz für Nachtschwärmer

Vorlage Seite 124

Du brauchst

* Kiefer- oder Fichtenbrett, 2 cm stark, 30 cm x 120 cm
* 2 Dachlatten, 2 cm stark, 3,5 cm x 45 cm
* Rechteckleiste, 2 cm stark, 2,5 cm x 26 cm
* Sperrholz, A4
* 2 Astscheiben, ø ca. 3 cm
* 24 Schrauben, ø 3,5 mm, 35 mm lang
* 6 Nägel, 20 mm lang
* 2 Nägel mit großem Linsenkopf, 25 mm lang
* 1 Tasse starker schwarzer Kaffee
* Leinöl
* Holzleim
* Pinsel
* Stichsäge
* Fuchsschwanz
* Laubsäge
* Holzraspel
* Schleifpapier
* Akkubohrer mit Holzbohrer, ø 3,2 mm
* Schraubenzieher
* Hammer

1. Bitte einen Erwachsenen, die Rückwand, die zwei Seitenwände, die Front und das Dach aus dem Holzbrett auszusägen. Die genauen Maße für den Zuschnitt findest du auf Seite 124.

2. Raue die Vorderseite der Rückwand auf, indem du im Abstand von etwa 2 cm waagerechte Rillen mit dem Fuchsschwanz in das Holz sägst. In den Rillen finden die Fledermäuse einen besseren Halt und können leichter in das Versteck klettern.

3. Damit du den Fledermauskasten an einer Wand anbringen kannst, werden die Dachlatten auf der Rückseite (spätere Außenseite) der Rückwand angebracht. Lege die Leisten im Abstand von ca. 30 cm waagerecht auf, sodass sie rechts und links gleich weit überstehen, und schraube jede Leiste mit zwei Schrauben fest.

4. Nun schraubst du die Seitenteile an die Rückwand. Lege sie rechts und links an, sodass die drei Bretter oben bündig sind. Dann drehst du auf jeder Seite drei Schrauben durch die Seitenwand in die Rückwand hinein. Bohre alle Löcher am besten vor, damit das Holz nicht reißt.

5. Schräge die Rechteckleiste an einer der langen Kanten mit der Raspel an (siehe Querschnittzeichnung im Zuschnittplan auf Seite 124). Lege die Leiste mit der abgeschrägten Kante auf die Rückseite der Front. Die Leiste ist waagerecht, 1 cm von der unteren Kante entfernt, mittig ausgerichtet und durch die abgeschrägte Kante leicht nach unten geneigt. Das ist wichtig, damit der Fledermauskot aus dem Kasten fallen kann.

GUT ZU WISSEN!

Damit die Fledermäuse guten Halt finden, muss das Holz auf der Innenseite des Kastens und am Einflugbrett unbedingt sägerau sein. Wenn du gehobelte Bretter verwendest, raust du sie darum mit einer Raspel auf. Oder du nimmst eine große, spitze Schraube und kratzt damit kreuzweise diagonal über das Holz.

TIPP
Mach aus dem Fledermaus-
kasten ein Gemeinschafts-
projekt für die ganze Familie.
Wenn ein Erwachsener das
Holz mit der Stichsäge zu-
schneidet, ist der Kasten im
Nu fertig!

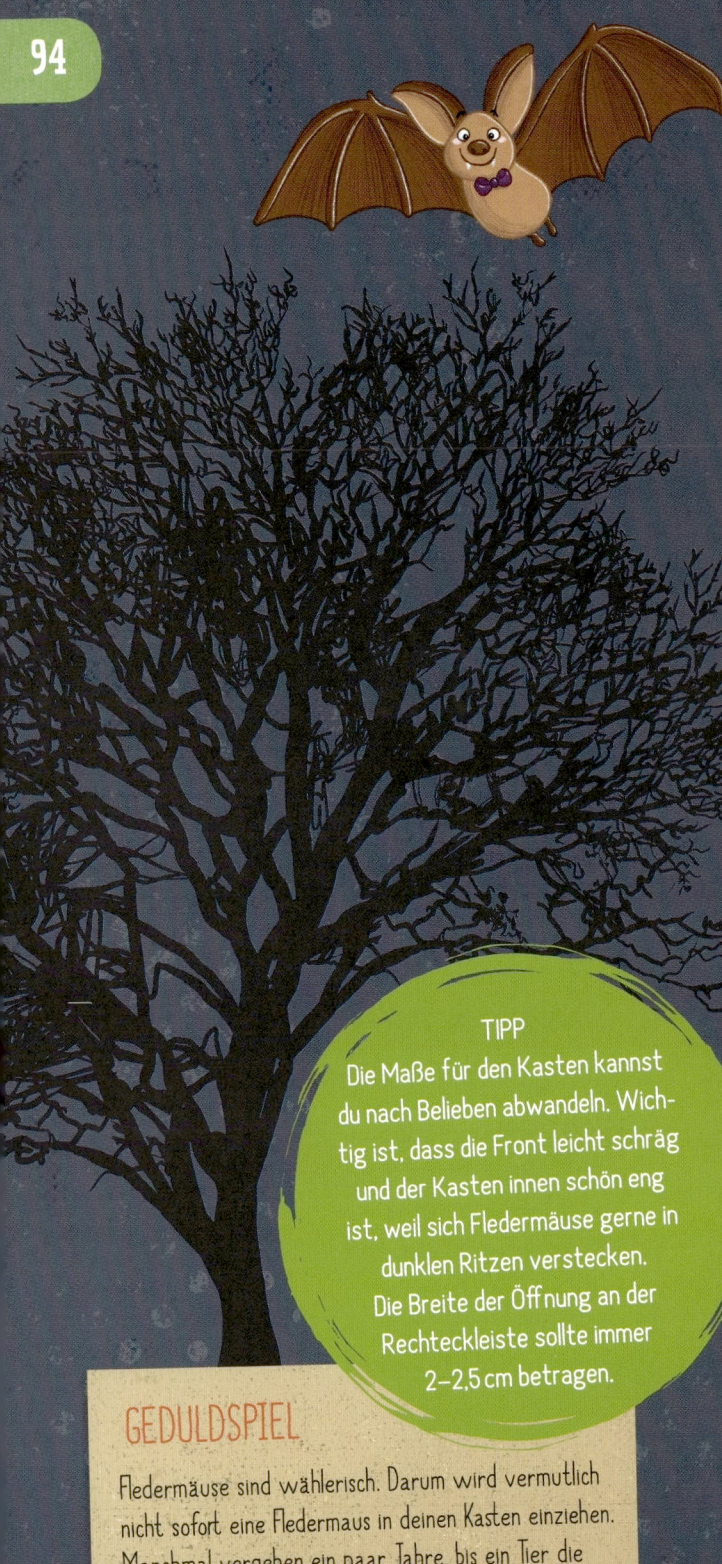

6. Bohre rechts und links ein Schraubloch vor und fixiere die Leiste mit zwei Schrauben auf der Rückseite der Front. Lege die Front auf den Kasten, sodass die Seiten und die Rückwand oben 1,5 cm weit überstehen.

7. Überprüfe den Abstand zwischen der Rechteckleiste und der Rückwand des Kastens. Der Schlitz muss zwischen 2 cm und 2,5 cm breit sein, damit die Fledermäuse hindurchpassen und Räuber abgehalten werden. Ist der Schlitz zu schmal, raspelst du einfach die Rechteckleiste noch ein wenig ab. Ist der Schlitz zu weit, kannst du die Seitenwände noch etwas nacharbeiten.

8. Schraube die Front mit 1,5 cm Abstand zur oberen Kante der Seitenwände auf den Kasten. Verwende dafür auf jeder Seite drei Schrauben.

9. Jetzt wird der Kasten oben abgeschrägt. Zieh dazu an den Seiten eine schräge Linie von der hinteren oberen Ecke bis zur hinteren oberen Kante der Front und verlängere die Linie bis zur vorderen Kante. Schräge die Seiten und die obere Kante der Front und der Rückwand im angezeichneten Winkel mit der Raspel an.

10. Montiere das Dach mit sechs senkrechten Schrauben, sodass es ringsum übersteht. Fertig ist der Kasten. Zum Schutz streichst du ihn mit dem Leinöl ein und lässt das Öl gut einziehen. Überschüssiges Öl kannst du mit einem alten Tuch abreiben.

11. Für die Dekoration sägst du die Fledermaus mit der Laubsäge aus dem Sperrholz aus. Glätte die Kanten mit dem Schleifpapier und male das Holz mit dem Kaffee an. Damit es schön braun wird, trägst du den Kaffee am besten mehrmals auf und lässt das Holz dazwischen immer wieder trocknen.

12. Nach dem Trocknen die Fledermaus noch mit Leinöl wetterfest machen und mit sechs Nägeln auf der Front anbringen. Als Augen schlägst du die Astscheiben mit den Linsenkopf-Nägeln ein. Damit die Astscheiben nicht reißen, am besten wieder die Löcher vorbohren!

TIPP

Die Maße für den Kasten kannst du nach Belieben abwandeln. Wichtig ist, dass die Front leicht schräg und der Kasten innen schön eng ist, weil sich Fledermäuse gerne in dunklen Ritzen verstecken. Die Breite der Öffnung an der Rechteckleiste sollte immer 2–2,5 cm betragen.

GEDULDSPIEL

Fledermäuse sind wählerisch. Darum wird vermutlich nicht sofort eine Fledermaus in deinen Kasten einziehen. Manchmal vergehen ein paar Jahre, bis ein Tier die künstliche Höhle entdeckt. Dann bleibt die Fledermaus ihrem Schlafplatz aber meist lange treu.

Wer wohnt denn da?

Der hier gezeigte Fledermauskasten ist zum Beispiel für das Graue Langohr, die Breitflügelfledermaus oder die Zwergfledermaus geeignet. Ob der Kasten bewohnt ist, kannst du am Boden erkennen. Dort findest du dann häufig schwarzen Kot. Natürlich kannst du auch in der Abend- oder Morgendämmerung den Kasten beobachten, dann fliegen die Fledermäuse entweder im Sturzflug aus oder kehren von der Jagd heim.

In die Nähe eines bewohnten Kastens dürfen übrigens nur Fledermausexperten. Alle anderen, also auch du, müssen Abstand halten, um die Tiere nicht zu stören.

Challenge 6
Mit den Ohren sehen

Stelle dich 2 m von einer Wand entfernt hin. Verbinde deine Augen und gehe langsam auf die Wand zu. Schaffst du es rechtzeitig anzuhalten? Du kannst auch versuchen, einen Gegenstand (z. B. einen Stein) so nah wie möglich vor der Wand abzulegen – ohne sie zu berühren. Als Wettbewerb mit deinen Freunden macht es doppelt so viel Spaß.

TIPP
Keine Zugluft: Damit es im Fledermauskasten nicht zieht, weil Luft zwischen den Brettern hindurch kann, unbedingt Holzleim mit etwas Sägespäne vermischen und zum Abdichten in die Ritzen streichen.

Was kann ich tun, damit Fledermäuse einziehen?

❀ Hänge den Kasten an einen wettergeschützten Ort, zum Beispiel unter einen Dachvorsprung.

❀ Der Kasten muss mindestens 4 m über dem Boden hängen, damit die Fledermaus von unten anfliegen und sich beim Start fallen lassen kann.

❀ Die Einflugschneise muss frei sein, es darf also zum Beispiel kein Baum vor oder unter dem Kasten stehen.

❀ Der richtige Zeitpunkt für das Aufhängen ist vor dem Frühling. Ab März kehren die Fledermäuse aus ihren Winterquartieren zurück.

❀ Der Kasten darf im Sommer nicht in der prallen Sonne hängen, damit die Tiere nicht überhitzen.

❀ Fledermäuse lieben Gesellschaft. Hänge darum mindestens drei Kästen nebeneinander auf.

❀ Zwischen November und März wird der Kasten zum Saubermachen abmontiert. Schraube die Front ab und entferne den Unrat mit einem Besen und klarem Wasser.

Hallo, Herr Igel!

Spitzes Schnäuzchen, zwei niedliche Ohren, vier kleine Pfoten und 8.000 piksende Stacheln: Der Igel ist definitiv ein besonderes Tier! Er schnauft, niest, faucht, schnarcht und keckert und manchmal klingt er wie eine Eisensäge. Da kann es schon mal etwas lauter werden, wenn ein Igel in der Abenddämmerung aktiv wird und im Garten seinen Geschäften nachgeht.

Igel in Gefahr

Der Igel schützt sich bei Gefahr, indem er sich zur Stachelkugel einrollt. Das war über Millionen von Jahren eine sehr erfolgreiche Strategie, um Feinde abzuwehren. Nicht umsonst gehört der Igel zu den ältesten noch existierenden Säugetierformen. Allerdings haben sich die Zeiten geändert. Heute dominieren Menschen die Lebenswelt der Igel. Und da wird ihm sein Verhalten oft zum Verhängnis. Jedes Jahr werden allein in Deutschland Tausende Igel von Autos überfahren, weil sie als Kugel auf der Fahrbahn verharren, anstatt wegzulaufen und sich in Sicherheit zu bringen. Das ist eine traurige Zahl. Aber sie lässt auch vermuten, dass es noch immer viele Igel bei uns gibt. Dennoch schätzen Naturschützer, dass ihr Bestand zunehmend gefährdet ist. Immer mehr Flächen werden bebaut, immer mehr Straßen sind stark befahren und auch die Äcker und Felder werden immer intensiver bewirtschaftet. Da bleibt wenig Platz für den Igel. Darum ist er mehr und mehr auf igelfreundliche Gärten angewiesen.

GUT ZU WISSEN!

Der Igelschutz kommt nicht nur dem Igel zugute. Auch andere Tiere lieben Laub- und Reisighaufen, die über den Winter liegen bleiben. Dazu gehören zum Beispiel der Zaunkönig, der Siebenschläfer, der Wildhamster und einige Krötenarten. Aber auch viele Insekten schlupfen unter die wärmende Laubdecke.

Erste Hilfe für Igel

Wenn im Oktober die Temperaturen fallen, machen sich die Igel fit für den Winter. Die alten und erfahrenen Tiere richten sich ein Winterquartier ein. Die jungen Igel futtern fleißig, um genügend Winterspeck anzusetzen.

Wenn du von Oktober bis Anfang Dezember bei milden Temperaturen einen jungen Igel entdeckst, der aktiv nach Nahrung oder einem Winterplatz sucht, kannst du ihm in freier Wildbahn helfen, indem du ihm Unterschlupfmöglichkeiten baust (siehe nächste Seite) und Igelfutter anbietest (siehe Kasten). Findest du den Igel bei frostigen Temperaturen, womöglich sogar bei Tag, ist er vermutlich in Not. Um ganz sicher zu gehen, setzt du ihn mit stachelsicheren Handschuhen erst einmal auf die Waage. Wiegt er über 600 g und sieht er gesund und munter aus, darf er wieder nach draußen, wo du ihn gefunden hast. Vermutlich wurde er in seinem Winterquartier aufgescheucht und sucht nur nach einem neuen Schlafplatz. Wiegt der Igel unter 600 g, braucht er Hilfe, um den Winter zu überleben – auch wenn er ansonsten gesund aussieht.

Prüfe zuerst, ob der Igel unterkühlt ist. Das erkennst du daran, dass sich der Igel am Bauch deutlich kalt anfühlt. Wickle eine handwarme Wärmflasche in ein Handtuch, lege sie in einen hohen Karton, setze den Igel darauf und decke ihn mit einem weiteren Handtuch zu.

Sobald der Igel sich aufgewärmt hat (seine normale Körpertemperatur beträgt etwa 36°C), kannst du ihm in einer kleinen Schüssel Wasser und Igel-

Igel

Lateinischer Name: Erinaceidae

Größe: 22–30 cm   **Gewicht:** 800–1.500 g

Geschwindigkeit: 7 km/h

Lebensdauer: 7 Jahre

Nahrung: Insekten, Schnecken, Würmer, Vogeleier, Küken, Mäusebabys
Natürliche Feinde: Marder, Fuchs, Greifvögel, Dachs

🌍 Europa, Asien, Afrika

Igelfutter

Igel brauchen fett- und eiweißreiche Kost. Dosenfutter für Katzen ist gut geeignet. Trockenfutter muss erst in Wasser aufgeweicht werden. Sehr gut bekömmlich sind auch ungesalzenes Rührei oder ohne Salz angebratenes Hackfleisch. Bitte nur abgekühlt servieren und auf gar keinen Fall dem Igel Milchprodukte anbieten!

futter anbieten. Danach rufst du am besten bei einer Igelstation oder Igel-Beratungsstelle an, um deinen Igelfund zu melden (siehe Seite 119). Die Igel-Experten können dir genau sagen, was du für deinen Schützling tun kannst und ob er weitere Hilfe braucht.

Frisst der Igel bis zum nächsten Morgen nicht, hat er Durchfall, torkelt er beim Laufen oder liegt er reglos da und rollt sich kaum ein, ist er vermutlich krank und muss unbedingt zum Tierarzt oder in eine Igel-Pflegestation – ganz egal, wie schwer er ist. Auch einen verletzten Igel oder einen stark von Parasiten befallenen Igel bringst du am besten gleich dorthin.

IGELHOTEL

Challenge 7
Blätter-Baumeister

Wenn der Herbst da ist und die Bäume ihr Laub abwerfen, ist es Zeit, deine Freunde herauszufordern: Wer baut den höchsten Blätterhaufen? Steht der Gewinner fest, könnt ihr die Blätter für euer Igelhotel verwenden.

Du brauchst

* Holzbrett, 2 cm stark, 7 cm x 30 cm
* halbierte Astscheibe, 2 cm stark, ø ca. 15 cm
* Ast, ø 3–3,5 cm, 60 cm lang
* 10–12 Nägel, ø ca. 3 mm, 6,5 cm lang
* 2 Nägel, 4 cm lang
* Schaschlikstäbchen
* Acrylfarben in Weiß, Braun und nach Wunsch
* Klarlack (optional)
* Holzleim
* Bohrer, ø 3 mm
* Hammer
* Pinsel
* trockenes Laub und Reisig
* Winterschutzvlies, ca. 2 m x 2 m
* 4–6 schwere Steine

Winterquartier für Igel

kuschelig warm und trocken

1. Für das Schild bemalst du das Holzbrett zunächst in Weiß. Trocknen lassen. Anschließend kannst du es beschriften. Lass die Farbe gut trocknen und trage bei Bedarf eine Schicht Klarlack zum Schutz auf. Erneut trocknen lassen.

2. Für den Igel schlägst du die 6,5 cm langen Nägel in die Rundung der Astscheibe ein. Damit das Holz nicht reißt, bohrst du erst die Löcher in das Holz und schlägst dann die Nägel ein. Danach malst du den Igel an und lässt die Farbe trocknen.

3. Bohre zwei Löcher in die Unterseite des Igels. Dann bohrst du im gleichen Abstand zwei Löcher in die Oberkante des Schilds. Schneide zwei 3 cm lange Stücke vom Schaschlikstäbchen ab. Stecke sie als Dübel in die Löcher und klebe den Igel mit Holzleim auf das Schild.

4. Bohre senkrecht untereinander zwei Löcher in die Mitte des Bretts und befestige es mit den kurzen Nägeln an dem Ast. Das fertige Schild steckst du vor dem Igelhotel in die Erde.

So baust du das Igelhotel:

✿ Suche einen trockenen Platz, zum Beispiel unter dem schützenden Dach einer Tanne oder Fichte oder unter dichtem Gebüsch. Auch von unten muss der Boden trocken sein.

✿ Achte darauf, dass der Ort ruhig ist, damit der Igel beim Schlafen nicht gestört wird.

✿ Häufe das Laub und das Reisig abwechselnd zu einem großen Haufen auf. Denke daran: Ein ausgewachsener Igel ist bis zu 30 cm lang!

✿ Zuletzt legst du das Winterschutzvlies über den Haufen und beschwerst es am Rand mit ein paar Steinen. Ein paar Löcher im Vlies lassen Feuchtigkeit besser entweichen.

✿ Wenn du wissen willst, ob ein Igel eingezogen ist, kannst du Sand auf dem Boden verteilen und am nächsten Morgen nach Spuren suchen. So störst du den Igel nicht beim Schlafen.

✿ Der Winterschlaf der Igel kann bis April dauern. So lange sollte das Igelhotel unbedingt in Ruhe gelassen werden, um den Igel nicht vorzeitig aufzuwecken.

Igel im Grünen

ein gern gesehener Gartenbewohner

Du brauchst

- Plastikflasche mit Deckel, 0,5 l Inhalt
- 2 dunkle Knöpfe, ø ca. 1 cm
- grobes Jutegarn oder -kordel
- Acrylfarbe in Braun
- Bastelkleber
- spitze Schere
- Pinsel
- Blumenerde
- Blumensamen

Vorlage Seite 121

1. Schneide aus dem unteren Teil der Flasche ein 5 cm breites und 10 cm langes Rechteck aus. Das wird die Pflanzöffnung oben am Rücken des Igels.

2. Aus dem ausgeschnittenen Rechteck schneidest du mithilfe der Vorlage die Ohren für den Igel aus. Knicke die Klebelaschen an den Ohren um. Die Ohren und den Flaschendeckel braun anmalen und trocknen lassen.

3. Schneide oben an der Öffnung der Flasche den bunten Ring ab, der sich beim Öffnen vom Deckel gelöst hat. Schraube den Deckel fest auf die Flasche.

4. Streiche mit dem Pinsel reichlich Bastelkleber vom Deckel bis zur Pflanzöffnung auf die Flasche und wickle dann das Jutegarn darum. Stecke die Ohren mit der umgeknickten Lasche zwischen das Jutegarn, klebe die Knöpfe als Augen auf und lass alles gut trocknen.

5. Fülle Blumenerde in die Flasche und säe die Blumensamen ein. Schon bald wird das grüne „Stachelkleid" deines Igels wachsen.

Bestimme eine kurze Strecke mit ein paar Hindernissen wie einen Strauch, den man umgehen muss, oder einen Stein, über den man klettern muss. Sauge nun mit einem Strohhalm ein Blatt an und los geht´s. Wer ist am schnellsten?

TIPP
Säe Blumen ein, die viele Insekten anlocken und mit Nektar und Pollen versorgen. Dann hilft dein Igel den anderen Tieren in deinem Garten. Geeignete Pflanzen findest du zum Beispiel auf Seite 21 und Seite 49.

Da ist der Wurm drin

Sie baggern und graben in der Dunkelheit, durchbohren die Erde und wühlen sie um. Regenwürmer sind Supertiere: Sie fressen abgestorbene Pflanzenteile und verwandeln sie in wertvollen Dünger, sie bauen bis zu 2 m tiefe Wasserleitungen und Belüftungsschächte, lockern die Erde und schaffen Platz für neue Wurzeln. Ganz im Verborgenen kümmern sie sich um das Wohl unserer Pflanzen und machen ihre Arbeit besser als jeder Gärtner.

Gibt es bei Würmern vorn und hinten?

Ja, der Regenwurm besitzt einen Kopf mit einer Mundöffnung, mit der er seine Nahrung aufnimmt, und ein Hinterteil, an dem er die Reste der Verdauung wieder ausscheidet. Die weit verbreitete Annahme, dass man einen Regenwurm in der Mitte teilen kann und dann beide Teile weiterleben, gehört also ins Reich der Legenden. Maximal der vordere Teil des Wurmes überlebt so eine Gewalttat, weil das hintere Ende nachwachsen kann. Den Kopf kann der Wurm aber nicht ersetzen, darum stirbt die hintere Hälfte nach der Teilung ab.

Können Regenwürmer sehen?

Der Regenwurm hat zwar keine Augen, aber ganz blind ist er deswegen nicht. Er hat über den gesamten Körper verteilt lichtempfindliche Zellen, mit denen er hell und dunkel unterscheiden kann. Kriecht der Wurm bei Tageslicht an die Erdoberfläche, bemerkt er den Lichtunterschied und zieht sich schnell wieder zurück ins Dunkel seiner Erdröhre, wo er vor hungrigen Vögeln und der heißen Sonne sicher ist.

Regenwurm
Lateinischer Name: Lumbricidae

Größe: 9–30 cm Gewicht: 1–3 g

Geschwindigkeit: 5 m/h

Lebensdauer: 3–8 Jahre

Nahrung: verrottete Pflanzenteile
Natürliche Feinde: Vögel, Marder, Maulwurf, Mäuse, Erdkröte, Frösche, Eidechsen, Feuersalamander, Laufkäfer, Ameisen, Hundertfüßer

 Europa

Muss ich Regenwürmer retten?

Nach einem kräftigen Regen findet man oft jede Menge Regenwürmer auf dem Gehweg. Auf dem nassen Asphalt können sie sich nicht eingraben. Sobald die Sonne wieder scheint, drohen sie zu vertrocknen – wenn sie bis dahin nicht schon ein hungriger Vogel entdeckt hat. Die Regenwürmer sehen nicht, wohin sie unterwegs sind, und können sich darum nicht selbst in Sicherheit bringen. Du kannst ihnen helfen, indem du sie zurück auf die nasse Wiese trägst und dort ablegst. Den Weg zurück ins Erdreich schaffen die Würmer dann allein. Achte bitte darauf, dass du dich selbst beim Retten der Würmer nicht in Gefahr bringst. Rette darum keine Würmer, die sich auf die Straße verirrt haben.

Warum kommen Regenwürmer bei Regen aus der Erde?

Was genau Regenwürmer bei Regen aus ihren Gängen an die Erdoberfläche treibt, ist noch immer ein Geheimnis. Früher dachte man, dass die Würmer aus der nassen Erde flüchten, weil sie sonst ertrinken. Bei einem Hautatmer wie dem Regenwurm ist das aber eher unwahrscheinlich. Viel wahrscheinlicher ist, dass der Regenwurm den Regen nutzt, um auf Wanderschaft zu gehen. Solange es schön nass ist und die Sonne nicht scheint, kann er über der Erde viel schneller vorankommen als im Erdreich. Und möglicherweise treibt ihn auch die Liebe an. Denn wenn sich alle Regenwürmer bei Regenwetter aufmachen, dann ist es doch relativ wahrscheinlich, unterwegs einen Partner für die Fortpflanzung zu finden.

Wie atmen Regenwürmer?

Regenwürmer haben keine Lunge. Sie atmen mit der Haut. Damit das funktioniert, müssen sie jedoch feucht sein. Liegt ein Regenwurm zu lange in der heißen Sonne, trocknet seine Haut aus und er erstickt. Darum verkriecht er sich tagsüber lieber in der kühlen, feuchten Erde und kommt nur nachts an die Oberfläche, um sich Blätter und andere Pflanzenteile zu schnappen und in seine unterirdischen Gänge zu ziehen.

Hättest du das gedacht?

In einem Quadratmeter Boden leben durchschnittlich einhundert Regenwürmer.

Regenwurm-Beobachtungsglas

bietet Einblicke in ein verborgenes Reich

Du brauchst

- ❀ hohes, schlankes Glas ohne Deckel
- ❀ Erde
- ❀ Blumenerde
- ❀ Sand
- ❀ Pflanzenreste, am besten halb verrottet
- ❀ Sprühflasche mit Wasser
- ❀ Stoffrest aus Baumwolle
- ❀ Stift
- ❀ Schere
- ❀ Haushaltsgummi
- ❀ 1–3 Regenwürmer, je nach Größe des Glases und der Würmer

1. Stell das Glas mit der Öffnung auf die Rückseite des Stoffs und fahre die Öffnung mit dem Stift nach. Schneide den Kreis rundherum mit 3 cm Zugabe aus.

2. Fülle abwechselnd Erde, Blumenerde und Sand in das Glas. Es sollte etwa bis 5 cm unter den Rand gefüllt sein. Achte darauf, dass die Erde und der Sand schön feucht sind. Du kannst sie bei Bedarf mit der Sprühflasche anfeuchten.

3. Lege oben halb verrottete Blätter oder Grasschnitt auf die Erde. Dann dürfen die Regenwürmer das Glas beziehen.

4. Zuletzt spannst du den Stoff mit dem Gummi über die Öffnung. So sind deine Regenwürmer gut geschützt.

Challenge 9
Regenwurm-Safari

Ihr seid Regenwürmer und grabt tiefe Tunnel im Sandkasten. Wer schafft es wohl, den längsten Tunnel zu bauen, ohne dass er einstürzt?

Das kannst du tun:

❁ Stelle das Glas an einen schattigen, sonnengeschützten Ort. Regenwürmer mögen es dunkel und eher kühl.

❁ Halte die Erde feucht, damit sich die Würmer im Glas wohlfühlen. Achte aber darauf, dass im Glas kein Wasser steht.

❁ Füttere deine Würmer regelmäßig mit neuen Pflanzenresten, am besten eignet sich schon leicht verrottetes Grünzeug.

❁ Beobachte, was im Glas geschieht, und halte die Veränderungen fest. Das ist ein spannendes Projekt für dein Tierrettertagebuch!

❁ Wenn du die Würmer genug beobachtet hast, bringst du sie wieder zurück in den Garten.

Wilde Echsen

Die Dinosaurier und Urzeitechsen sind längst ausgestorben, aber ihre Verwandten kannst du noch heute bestaunen. Bestimmt hast du im Zoo schon einmal Krokodile oder Schlangen gesehen. In unseren Gärten sind diese erfreulicherweise nicht zu finden. Aber mit etwas Glück kannst du eine Eidechse oder eine Blindschleiche entdecken!

Die Eidechse

Die Eidechse ist ein Sonnenanbeter. Du kannst sie darum oft auf Felsen und großen Steinen beobachten. Da sie ihre Körpertemperatur nicht selbst regeln kann, tankt sie Wärme, indem sie reglos in der Sonne liegt. Doch sobald sich jemand ihr nähert, ist sie – husch und weg! – verschwunden. Eine gute Taktik, um Feinden zu entkommen. Sie funktioniert, weil viele Eidechsenarten in Trockenmauern, im Geröll oder in Steinhaufen leben. In den Ritzen kann sich die Eidechse blitzschnell verstecken.

Und wenn die Flucht mal nicht auf Anhieb klappt, hat die Eidechse noch einen Trick auf Lager: Wenn ein Feind sie am Schwanz packt, wirft sie ihn ab. Der Schwanz zappelt noch eine Weile und lenkt den Angreifer ab. Die Eidechse kann lebend entkommen. Ihren Schwanz hat sie aber für immer verloren. An seiner Stelle wächst nur ein kleiner Stummel nach.

Eidechse

Lateinischer Name: Lacertidae

Größe: 12–25 cm   **Gewicht:** 8–20 g

Geschwindigkeit: 28 km/h

Lebensdauer: 8–10 Jahre

Nahrung: Insekten, Ameisen, Spinnen, Regenwürmer
Natürliche Feinde: Vögel, Säugetiere wie Fuchs und Marder, Greifvögel

🌍 Europa, Asien, Afrika

Die Blindschleiche

Auch wenn sie so aussieht: Die Blindschleiche ist keine Schlange! Sie gehört zu den Echsen, hat jedoch – anders als Eidechse und Krokodil – keine Beine. Sie kommt stattdessen mit steifen, schlängelnden Bewegungen voran.

Die Blindschleiche führt ein sehr heimliches Leben. Wenn sie nicht gerade auf Jagd geht, versteckt sie sich unter Steinen oder in Komposthaufen. Hier ist die harmlose Echse vor ihren Feinden sicher. Ihr lateinischer Name Anguis fragilis bedeutet übrigens „zerbrechliche Schlange". Wie die Eidechse kann die Blindschleiche ihren Schwanz bei Gefahr abwerfen. Darum solltest du eine Blindschleiche nicht auf die Hand nehmen, auch wenn sie leicht zu fangen ist.

Blindschleiche
Lateinischer Name: Anguis fragilis

Größe: 12–25 cm   Gewicht: 10–30 g

Geschwindigkeit: 0,5 km/h

Lebensdauer: 15–20 Jahre

Nahrung: Schnecken, Würmer, Insekten
Natürliche Feinde: Schlangen, Fuchs, Dachs, Marder, Vögel, Katzen, Hunde

 Europa und Vorderasien

Das kannst du für die heimischen Echsen tun:

✿ Eidechsen und Blindschleichen brauchen einen naturnahen Garten mit vielen Versteckmöglichkeiten. Mehr dazu erfährst du auf Seite 7.

✿ Baue einen Steinhaufen in deinem Garten. Er bietet den Echsen ein komfortables Zuhause mit Sonnendeck. Eine Anleitung findest du auf Seite 108.

✿ Manche Menschen töten Blindschleichen aus Angst vor Schlangen. Erkläre deinen Freunden, dass die Tiere völlig harmlos sind und außerdem viele lästige Insekten fressen.

✿ Manche Menschen sind neugierig und wollen sehen, wie Eidechsen oder Blindschleichen den Schwanz abwerfen. Erkläre ihnen, dass der Schwanz nicht wieder nachwächst und die Tiere außerdem unter Artenschutz stehen. Sie dürfen weder gejagt noch gefangen werden.

Wohnlicher Steinhaufen

ein Zuhause für Eidechse und Co.

Du brauchst

Für den Steinhaufen

- ❀ Natursteine in verschiedenen Formen, ø 10–30 cm
- ❀ Sand
- ❀ Erde
- ❀ Moos
- ❀ Totholz
- ❀ Spaten
- ❀ Schaufel

Für das Schild

- ❀ Holzbrett, ca. 2 cm stark, 13 cm x 30 cm
- ❀ Ast, ø 3–3,5 cm, 60 cm lang
- ❀ Acrylfarbe in Weiß, Schwarz, Grün, Blau und Gelb
- ❀ Glitterglue
- ❀ Klarlack (optional)
- ❀ 2 Schrauben, ø ca. 3 mm, 5 cm lang
- ❀ Pinsel
- ❀ Bohrer, ø 3 mm
- ❀ Schraubenzieher

Vorlage Seite 121

1. Male das Brett weiß an und lass die Farbe trocknen. Anschließend malst du mithilfe der Vorlage die Eidechse auf. Bei der Ausgestaltung der Eidechse sind deiner Fantasie keine Grenzen gesetzt, du kannst verschiedene Farben mischen oder an den Füßen, Augen oder auf dem Rücken Spezialeffekte mit Glitterglue anbringen.

2. Beschrifte das Schild und lass die Farbe gut trocknen. Bei Bedarf trägst du noch eine Schicht Klarlack auf, damit die Farbe wetterfest ist. Gut trocknen lassen.

3. Bohre senkrecht übereinander zwei Löcher in die Mitte des Schildes und befestige es mit den Schrauben an dem Ast. Das fertige Schild kannst du beim Aufschichten der Steine in den Steinhaufen stecken.

So baust du einen Steinhaufen:

- ❀ Wähle einen sonnigen, ruhigen Ort, der nach Süden ausgerichtet ist und in dessen Umgebung viele dichte Sträucher, Hecken oder Stauden wachsen.
- ❀ Grabe mit Spaten und Schaufel eine Mulde – 1 m im Durchmesser und etwa 40 cm tief.
- ❀ Bedecke den Boden mit kleineren Steinen, damit das Wasser gut ablaufen kann.
- ❀ Schichte dann die großen Steine und das Totholz zu einem 60 cm hohen Haufen auf
- ❀ Darüber kommt eine Hülle aus kleineren Steinen. Auf der Nord- und Westseite bedeckst du den Steinhaufen zum Schutz vor Wind und Regen außerdem mit Erde.
- ❀ Auf der Südseite des Steinhaufens bekommen die Eidechsen eine 30 cm breite und ebenso tiefe Sandfläche, in der sie ihre Eier ablegen können.
  - ❀ Zum Schluss legst du einige flache Steine als Sonnendeck auf.

TIPP
Nicht nur Eidechsen lieben Steinhaufen. Auch Hummeln, Spinnen, Käfer und andere Insekten wissen ein trockenes Plätzchen zu schätzen.

TIERSCHUTZ-GEBIET!

Achtung, unliebsame Mitbewohner!

Nicht jedes Tier, das im Garten lebt, ist beliebt. Vor Spinnen beispielsweise haben manche Menschen Angst. Aber auch andere Gartenbewohner haben keinen sonderlich guten Ruf. Schnecken und Ameisen etwa empfinden viele Menschen als lästige Plagegeister. Doch sind sie wirklich so schlimm, wie wir meinen?

Nützliche Schnecke, schädliche Schnecke

Nicht jede Schnecke frisst deine Blumen kahl. Nur die nackten Wegschnecken und Ackerschnecken machen wirklich Ärger. Die meisten anderen Schnecken interessieren sich wenig für das frische Grün. Sie räumen lieber auf und fressen abgestorbene Pflanzenteile und tote Tiere, die sie in wertvollen Humus verwandeln. Damit leisten sie einen wichtigen Beitrag im Kreislauf der Natur. Die Weinbergschnecke hat übrigens Schneckeneier zum Fressen gern. Der Tigerschnegel (siehe Foto) vertilgt sogar ganze Nacktschnecken!

Mittel gegen gefräßige Schnecken

Schnecken sind lästig, aber es gibt auch viele Tiere, die sich von ihnen ernähren. Darum sollte man ihnen lieber nicht mit Schneckenkorn nachstellen. Baue stattdessen Schneckenfallen: Grabe kleine Vertiefungen in den Boden, gib ein paar Salatblätter hinein und lege ein Brett darüber. Die Schnecken verstecken sich in der Falle. Du kannst sie jeden Abend einsammeln und an einem abgelegenen, weit entfernten Ort umsiedeln. Besonders schützenswerte Pflanzen kannst du mit einem Ring aus Kaffeesatz umgeben oder mit Kaffee besprühen. Die Wirkung ist wissenschaftlich belegt.

Weinbergschnecke
Lateinischer Name: Helix pomatia

Größe: 10–12 cm   Gewicht: 25 g

Geschwindigkeit: 3 m/h

Lebensdauer: 10 Jahre

Nahrung: weiche Pflanzenteile, Algen, Kalk
Natürliche Feinde: Greifvögel, Igel, Fuchs, Dachs, Marder, Maulwurf, Frosch, Ameisen

 Europa

Platz da, hier kommt die Gartenpolizei!

In Europa gibt es über zweihundert Ameisenarten. Die meisten von ihnen leben räuberisch und jagen andere Insekten. Dabei helfen sie, Schädlinge zu bekämpfen und das Gleichgewicht in der Natur zu erhalten. Außerdem sind viele Ameisen Aasfresser, ernähren sich also von toten Tieren und helfen, sie in wertvollen Humus zu verwandeln. Die Ameisen haben sich daher zu Recht einen guten Ruf als Gartenpolizei erworben, die überall in der Natur nach dem Rechten sieht! Sobald Ameisen aber in unseren Wohnraum eindringen, ist es aus mit der Freundschaft. Aus den Helfern werden Plagegeister, denen oft mit rabiaten Mitteln nachgestellt wird. Setze dich dafür ein, dass die nützlichen Tiere nicht mit Gift bekämpft werden, das den ganzen Ameisenstaat auslöscht. Versuche, das Ameisenvolk stattdessen umzusiedeln oder mit dem Duft von Zimt, Zitrone oder Pfefferminze zu vertreiben.

Challenge 10
Ameisen-Parcours

Erstelle rund um einen Würfel Zucker einen Parcours aus Steinen, Zweigen und Gräsern. Schicke nun deine Ameisen an die Startlinie und schau, wie schnell sie den Parcours überwinden, um zum Zucker zu kommen. Du musst die Ameisen nicht fangen, diese Challenge funktioniert am besten in der Nähe einer Ameisenstraße.

Ameise
Lateinischer Name: Formicidae

Größe: 2–21 mm **Gewicht:** 4–12 mg

Geschwindigkeit: 2–70 cm/sec

Lebensdauer: bis 10 Jahre (Arbeiterin)

Nahrung: Insekten, Pflanzensäfte, Honigtau, Samen, Spinnen, tote Tiere
Natürliche Feinde: Vögel, Schlangen, Amphibien, Spinnen, Insekten, Wildschweine

🌍 weltweit (außer Antarktis)

Ameisen umsiedeln

1. Weiche einen Tontopf in Wasser ein und fülle ihn anschließend mit Holzwolle, Stroh oder Zeitungspapier.

2. Gib etwas Marmelade oder Sirup dazu, damit die Ameisen angelockt werden.

3. Stelle den Topf mit der Öffnung nach unten auf das Ameisennest oder, wenn das Nest versteckt ist, neben die Ameisenstraße.

4. Die Ameisen besiedeln innerhalb weniger Tage den Tontopf und ziehen mit ihrem ganzen Nest dorthin um.

5. Schiebe eine Kehrschaufel unter den Topf und trage das Nest an einen möglichst weit entfernten Ort, zum Beispiel auf einen Komposthaufen.

Du brauchst

- leeres Schneckenhaus
- Ast, ø ca. 2 cm, 8–10 cm lang
- 2 Reißzwecken in Weiß
- Farbe
- Glitzerstifte oder Glitzerkleber
- Lack- oder Permanentmarker in Schwarz
- Bastelkleber
- Holzfeile oder Schnitzmesser
- Pinsel

Niedliche Schnecken

garantiert gartentauglich

1. Male das Schneckenhaus mit der Farbe bunt an. Trocknen lassen. Danach kannst du es mit den Glitzerstiften oder dem Glitzerkleber verzieren. Noch einmal gut trocknen lassen.

2. In der Zwischenzeit rundest du den Ast an den Enden mit der Holzfeile ab. Wenn du ein eigenes Schnitzmesser besitzt, kannst du auch damit die Enden bearbeiten. Achte unbedingt darauf, dass du immer von deinem Körper weg arbeitest und das Holz nur hinter dem Messer greifst, damit du dich nicht schneidest.

3. Male mit dem Lack- oder Permanentmarker schwarze Pupillen auf die Reißzwecken. Wenn die Farbe trocken ist, drückst du die Reißzwecken vorn als Augenfühler in den Ast.

4. Zuletzt klebst du das Schneckenhaus mit reichlich Bastelkleber auf den Ast. Gut trocknen lassen.

Challenge 11
Schneckenrennen

Sammle zwei oder drei Schnecken im Garten. Sei sehr vorsichtig mit deinen Rennschnecken, damit es ihnen auch gut geht. Positioniere rechts und links der Rennstrecke etwas Rindenmulch, ins Ziel legst du etwas Salat und dann nichts wie los! Wer mag wohl die schnellste Schnecke sein? Anschließend setzt du die Schnecken wieder ins Freie ... und legst ihnen noch etwas Salat als Belohnung hin.

Tierretter-Kalender

Januar

> Füttere die Vögel weiterhin regelmäßig mit Vogelfutter.
> Bei anhaltendem Frost oder dicker Schneedecke kannst du Eichhörnchen Nüsse oder Zapfen in einem Futterhäuschen anbieten.
> Baue einen Fledermauskasten, damit du ihn rechtzeitig vor der Rückkehr der Fledermäuse aus dem Winterquartier aufhängen kannst (siehe Seite 92). Auch der Bau eines Vogelnistkastens ist ein schönes Projekt, das du jetzt angehen kannst (siehe Seite 58).
> Pass auf, dass schlafende Wintergäste wie Igel oder Siebenschläfer nicht gestört werden. Wenn du ein schlafendes Tier entdeckst, bist du ganz leise und lässt es in seinem Versteck weiterschlafen.

Februar

> Füttere die Vögel weiterhin regelmäßig mit Vogelfutter. Ende Februar, wenn der Schnee geschmolzen ist, stellst du die Fütterung ein.
> Solange der Boden gefroren oder von einer dicken Schneeschicht bedeckt ist, kannst du weiterhin den Eichhörnchen Futter anbieten.
> Noch immer halten viele Tiere Winterschlaf. Sei leise, wenn du in ihrer Nähe bist, und störe sie nicht, indem du nach ihnen schaust.
> Hänge einen Fledermauskasten auf. Bald kehren die Fledermäuse aus ihrem Winterquartier zurück.
> Achte auf Hummelköniginnen, die erschöpft am Boden sitzen. Rette sie mit einem Löffel Zuckerlösung (siehe Seite 32).
> Pflanze Frühblüher wie Veilchen oder Primeln ins Blumenbeet oder in den Balkonkasten, damit die ersten Insekten, die jetzt schon unterwegs sind, Pollen und Nektar finden.

März

> Molche, Frösche und Kröten begeben sich auf Wanderung zu ihren Laichplätzen. Hilf Tieren, die in Löcher oder Schächte gefallen sind und nicht mehr allein herauskommen. Oder melde dich als freiwilliger Helfer bei einer Naturschutzgruppe und hilf den Tieren, die Straße sicher zu überqueren.
> Noch immer halten einige Tiere Winterschlaf. Achte weiterhin darauf, dass du sie dabei nicht störst.
> Überprüfe Nistkästen, die den Winter über draußen aufgehängt waren, und repariere oder reinige sie gegebenenfalls noch einmal. Aber bitte erst anklopfen! Vielleicht ist ja noch jemand drin…
> Neue Nistkästen solltest du schnell aufhängen. Die Nestsuche der Vögel beginnt!
> Bald erwachen die Wildbienen aus dem Winterschlaf. Bau ein Bienenhotel, das du für sie aufhängen kannst (siehe Seite 22).

April

- Halte weiterhin Ausschau nach Fröschen und Kröten. Je nach Witterung sind sie auch Anfang April noch unterwegs zu ihren Laichplätzen.
- Verwandle den Rasen im Garten in eine Blumenwiese. Jetzt ist ein guter Zeitpunkt, um Wildblumen auszusäen.
- Säe einjährige Blumen für Bienen, Schmetterlinge und andere Insekten ins Blumenbeet oder in den Balkonkasten.
- Bastle Saatbomben und verteile sie (siehe Seite 34).
- Hänge ein Bienenhotel für Wildbienen an einem geschützten Ort auf.
- Biete den Vögeln Nistmaterial für den Nestbau an (siehe Seite 56).
- Halte nach Vogelnestern Ausschau und schütze sie bei Bedarf vor Katzen und Mardern, indem du den Baumstamm mit dornigen Ranken bewehrst.
- Die Igel verlassen im April ihr Winterquartier. Sobald der Igel ausgezogen ist, kannst du das Laub und die Äste entsorgen.
- Die Schwalben kehren zurück. Biete ihnen eine Lehmpfütze an, damit sie ihr Nest bauen können.

Mai

- Im Mai ist die beste Zeit, um Kräuter, Blumen und Gemüse anzupflanzen. Die Nachtfröste sind vorbei und die Pflanzen wachsen und gedeihen jetzt besonders gut.
- Die Brutzeit der Vögel ist voll im Gange. Achte darauf, dass die Nester nicht gestört werden.
- Biete den Vögeln weiterhin Nistmaterial an.
- Hänge ein Bienenhotel für Wildbienen an einem geschützten Ort auf.
- Biete den Wildbienen feuchten Lehm und lockeren Sand an. Einige Arten bauen damit ihre Brutkammern.
- Baue ein Ohrwurm-Heim und bekämpfe damit Blattlauskolonien in deinem Garten (siehe Seite 78).
- Der Rasen beginnt zu sprießen. Setz dich dafür ein, dass er so wenig wie möglich gemäht wird, damit Wiesenblumen wie Löwenzahn, Klee und Gänseblümchen blühen und Insekten anlocken können.

Juni

- Noch immer kannst du einjährige Blumen und Pflanzen im Garten und auf dem Balkon aussäen. Achte darauf, dass sie für Bienen, Hummeln oder Schmetterlinge geeignet sind.
- Noch immer brüten die Vögel. Biete ihnen darum weiterhin Nistmaterial an.
- Langsam wird es Sommer. Stelle ein Vogelbad oder eine Vogeltränke auf (siehe Seite 64). Reinige täglich die Schale und fülle frisches Wasser ein.
- Richte den Vögeln ein Sandbad ein.
- Auch Insekten freuen sich über eine Tränke (siehe Seite 28). Achte auf sichere Landeplätze im Wasser, damit die Tiere nicht ertrinken, und wechsle täglich das Wasser.
- Setz dich dafür ein, dass der Rasen nur alle drei Wochen gemäht wird und ein Teil davon stehen bleiben darf, damit die Insekten weiterhin die Blumen anfliegen können.
- Verzichte auf den Einsatz von Gift im Garten und rücke Blattläusen mit natürlichen Feinden auf den Leib. Locke Ohrwürmer, Flor- oder Schwebfliegen an oder sammle Marienkäfer und setze sie auf die mit Läusen befallenen Pflanzen.
- Prüfe, ob das Bienenhotel angenommen wird. Wenn nicht, hängst du es an einen anderen Ort, der vielleicht besser geeignet ist.

Juli

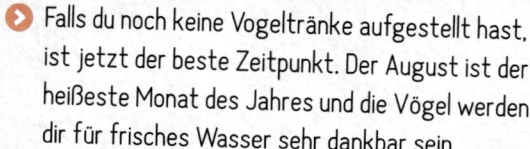

- Jetzt ist der richtige Zeitpunkt, um zweijährige Blumen und Pflanzen für das nächste Jahr auszusäen. Achte darauf, dass sie für Bienen, Hummeln, Schmetterlinge und andere Insekten geeignet sind.
- Setz dich weiterhin dafür ein, dass Blumen auf der Wiese blühen können und nicht einfach abgemäht werden. Sonst versiegt mit einem Mal auch die Nahrungsquelle für viele nützliche Insekten.
- Kümmere dich weiter um die Trinkstellen für Vögel und Insekten und fülle sie täglich mit frischem Wasser.
- Noch immer brüten einige Vogelarten. Stelle daher noch immer etwas Nistmaterial bereit.
- Prüfe, ob das Bienenhotel schon voll ist. Baue bei Bedarf ein weiteres Bienenhotel und hänge es neben dem ersten auf.

August

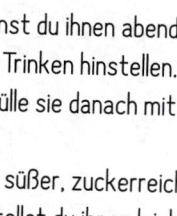

- Falls du noch keine Vogeltränke aufgestellt hast, ist jetzt der beste Zeitpunkt. Der August ist der heißeste Monat des Jahres und die Vögel werden dir für frisches Wasser sehr dankbar sein.
- Auch Insekten freuen sich jetzt riesig über frisches Wasser. Bienen brauchen es nicht nur zum Trinken, sie kühlen damit auch ihren Bienenstock.
- Wenn Igel in deinem Garten wohnen, kannst du ihnen abends in einer flachen Schale etwas Wasser zum Trinken hinstellen.
- Reinige die Wassertränken täglich und fülle sie danach mit frischem Wasser auf.
- Die Wespen suchen jetzt vermehrt nach süßer, zuckerreicher Nahrung. Damit sie dich in Ruhe lassen, stellst du ihnen leicht vergorene Trauben auf einem Teller hin (siehe Seite 38).
- Viele Blumensamen sind jetzt reif. Sammle sie in kleinen Tüten, damit du sie im nächsten Jahr wieder aussäen kannst (siehe Seite 46).

September

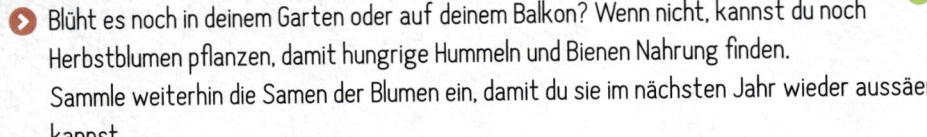

- Blüht es noch in deinem Garten oder auf deinem Balkon? Wenn nicht, kannst du noch Herbstblumen pflanzen, damit hungrige Hummeln und Bienen Nahrung finden. Sammle weiterhin die Samen der Blumen ein, damit du sie im nächsten Jahr wieder aussäen kannst.
- Die letzten Vögel sind flügge und haben ihre Nester verlassen. Reinige die Nistkästen und hänge sie wieder auf, damit sie im Winter als Unterschlupf benutzt werden können.
- Setze Blumenzwiebeln in die Erde. Krokusse, Anemonen und Schneeglöckchen bereiten den Hummelköniginnen im nächsten Frühjahr ein wahres Festmahl.
- Auch einjährige Blumen kannst du jetzt schon aussäen. Sie keimen dann im nächsten Frühling, sobald es warm genug ist.
- Sammle Futter für die Winterfütterung der Tiere: Sonnenblumenkerne, Walnüsse, Haselnüsse, Eicheln, Bucheckern und Esskastanien, aber auch die Zapfen von Kiefern, Fichten und Tannen.
- Im Sommer bleibt viel Müll in der Natur liegen. Zieh Gartenhandschuhe an, schnapp dir einen Müllsack und geh mit ein paar Freunden den Müll einsammeln. Je weniger Müll in der Natur herumliegt, desto besser geht es den Tieren.

Oktober

- Wenn du Igel im Garten hast, kannst du ihnen helfen, genug Fettreserven für den Winter anzufuttern. Stell ihnen abends eine Schüssel mit Igelfutter hin (siehe Seite 97).
- Die Gartensaison geht zu Ende und die Aufräumarbeiten beginnen. Sei dabei nicht zu gründlich. Lass ein paar Pflanzenstängel stehen und etwas Laub auf dem Boden liegen. Viele Tiere finden darin einen Unterschlupf.
- Baue aus Laub, Reisig und Winterschutzvlies ein Winterquartier für Igel (siehe Seite 98).
- Teile mit den Tieren deine Ernte und lass etwas für sie übrig. Nüsse, Beeren, Äpfel oder vertrocknete Trauben helfen vielen Tieren, gut durch den Winter zu kommen. Auch ein paar Eicheln, Bucheckern oder Kastanien kannst du liegen lassen.
- Noch immer kannst du einjährige Blumen fürs nächste Jahr aussäen.
- Auch Blumenzwiebeln kannst du jetzt noch gut in die Erde setzen.

November

- Beginne mit der Winterfütterung der Singvögel.
- Bereite Vogelfutter vor, bastle eine Futterstelle und hänge sie auf (siehe Seite 66 und 68).
- Neue Nistkästen kannst du jetzt schon aufhängen. Die Vögel können sich an sie gewöhnen und sie in kalten Nächten als Schlafplatz benutzen.
- Solange der Boden noch nicht gefroren ist, kannst du noch Blumenzwiebeln in die Erde setzen.
- Wenn du jetzt bei frostigen Temperaturen einen Igel findest, der weniger als 600 g wiegt, braucht er Hilfe. Nimm ihn bei dir auf und lass dich von einer Igel-Pflegestation beraten (siehe Seite 97).
- Baue einen Futterkasten für Eichhörnchen, damit du ihnen im Winter Nüsse und Zapfen anbieten kannst (siehe Seite 74).

Dezember

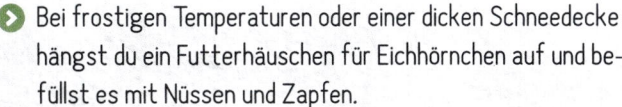

- Füttere weiterhin die Vögel mit Vogelfutter.
- Bei frostigen Temperaturen oder einer dicken Schneedecke hängst du ein Futterhäuschen für Eichhörnchen auf und befüllst es mit Nüssen und Zapfen.
- Die Fledermäuse sind in ihr Winterquartier umgezogen. Öffne den Fledermauskasten und mach ihn sauber.
- Bereite dich auf das nächste Jahr vor. Baue einen Nistkasten für Vögel, ein Bienenhotel oder einen Fledermauskasten.
- Entferne beschädigte Röhren im Bienenhotel und tausche sie aus. Auch Röhren, die seit über einem Jahr verschlossen sind, werden ersetzt.

Challenges

☐ **Challenge 1**
Honig-Gourmet (Seite 26/27)

☐ **Challenge 7**
Blätter-Baumeister (Seite 98/99)

☐ **Challenge 2**
Mission Saatbombe (Seite 34/35)

☐ **Challenge 8**
Blätter-Rallye (Seite 100/101)

☐ **Challenge 3**
Auf die Samen fertig los! (Seite 46/47)

☐ **Challenge 9**
Regenwurm-Safari (Seite 104/105)

☐ **Challenge 4**
Vogel-Bingo (Seite 58-61)

☐ **Challenge 10**
Ameisen-Parcours (Seite 110/111)

☐ **Challenge 5**
Schätzmeister! (Seite 74/75)

☐ **Challenge 11**
Schnecken-Rennen (Seite 112/113)

☐ **Challenge 6**
Mit den Ohren sehen (Seite 92–95)

Weiterführende Links

Informative Kinder- und Jugendseiten rund um den Tier- und Naturschutz:

www.najuversum.de
NAJU, Kinder- und Jugendorganisation des Naturschutzbundes NABU

www.jugendtierschutz.de
Deutscher Tierschutzbund

www.wildtierfreund.de
Deutschen Wildtier Stiftung

https://naturdetektive.bfn.de
Bundesamts für Naturschutz

www.oekoleo.de
Hessische Ministerium für Umwelt, Klimaschutz, Landwirtschaft und Verbraucherschutz

Naturschutzvereine mit Kinder- und Jugendgruppen:

Deutschland
Naturschutzbund Deutschland (NABU)
www.naju.de

Bund für Umwelt und Naturschutz Deutschland (BUND)
www.bundjugend.de

Deutscher Tierschutzbund e.V.
www.jugendtierschutz.de

Österreich
Naturschutzbund Österreich
https://naturschutzjugend.at

Naturfreunde Österreich
http://www.naturfreundejugend.at

Schweiz
Pro Natura
www.pronatura.ch/de/jugend

BirdLife Schweiz
www.birdlife.ch

Erste Hilfe für Wildtiere – Verzeichnisse von Vereinen und Pflegestationen

Deutschland
www.wildtierschutz-deutschland.de/verletztes-wildtier

Österreich
www.wildtierhilfe-wien.at/pflegestellen-in-oesterreich/
www.fledermausschutz.at//Sets/Kontakt-Set.htm

Schweiz
www.wildtier.ch/fachinfos/gefundene-wildtiere/

Vorlagen

Erste Hilfe für Ihre Majestät
Seite 32

Dosen–Biene
Seite 26

Löcher

Praktische Schürze
Seite 10

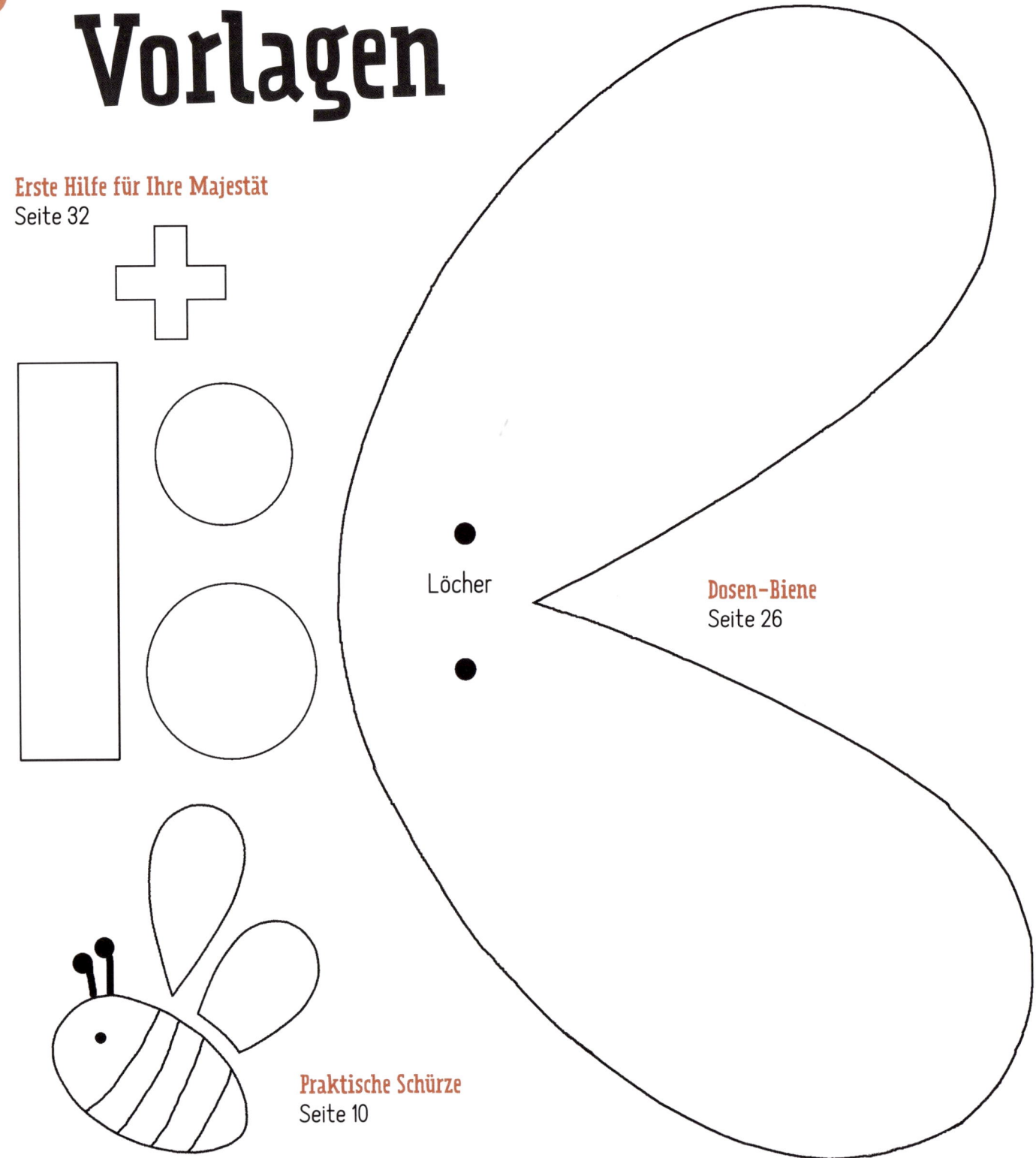

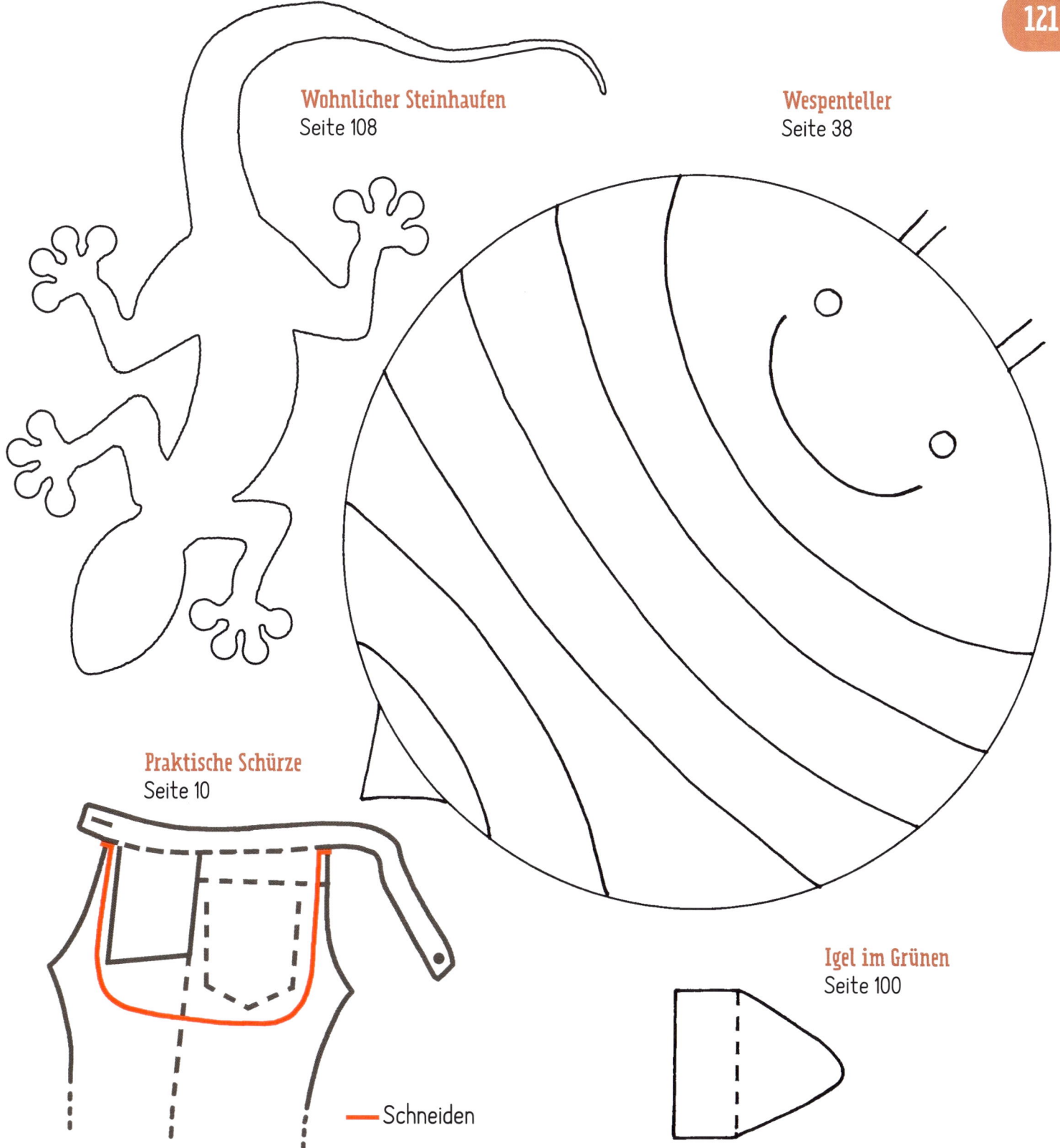

Wohnlicher Steinhaufen
Seite 108

Wespenteller
Seite 38

Praktische Schürze
Seite 10

Igel im Grünen
Seite 100

—— Schneiden

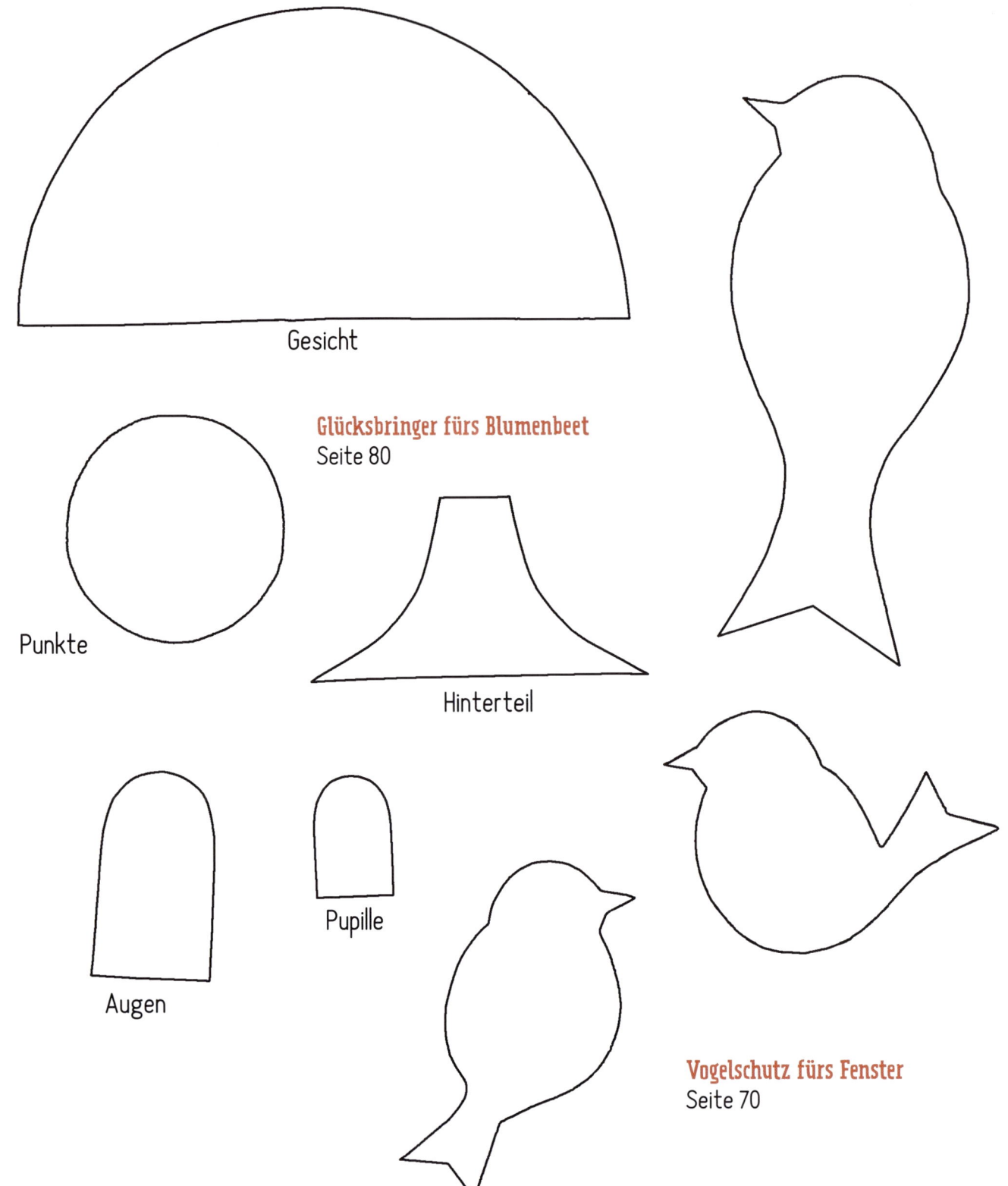

Gesicht

Punkte

Glücksbringer fürs Blumenbeet
Seite 80

Hinterteil

Augen

Pupille

Vogelschutz fürs Fenster
Seite 70

Nistkasten
Seite 58

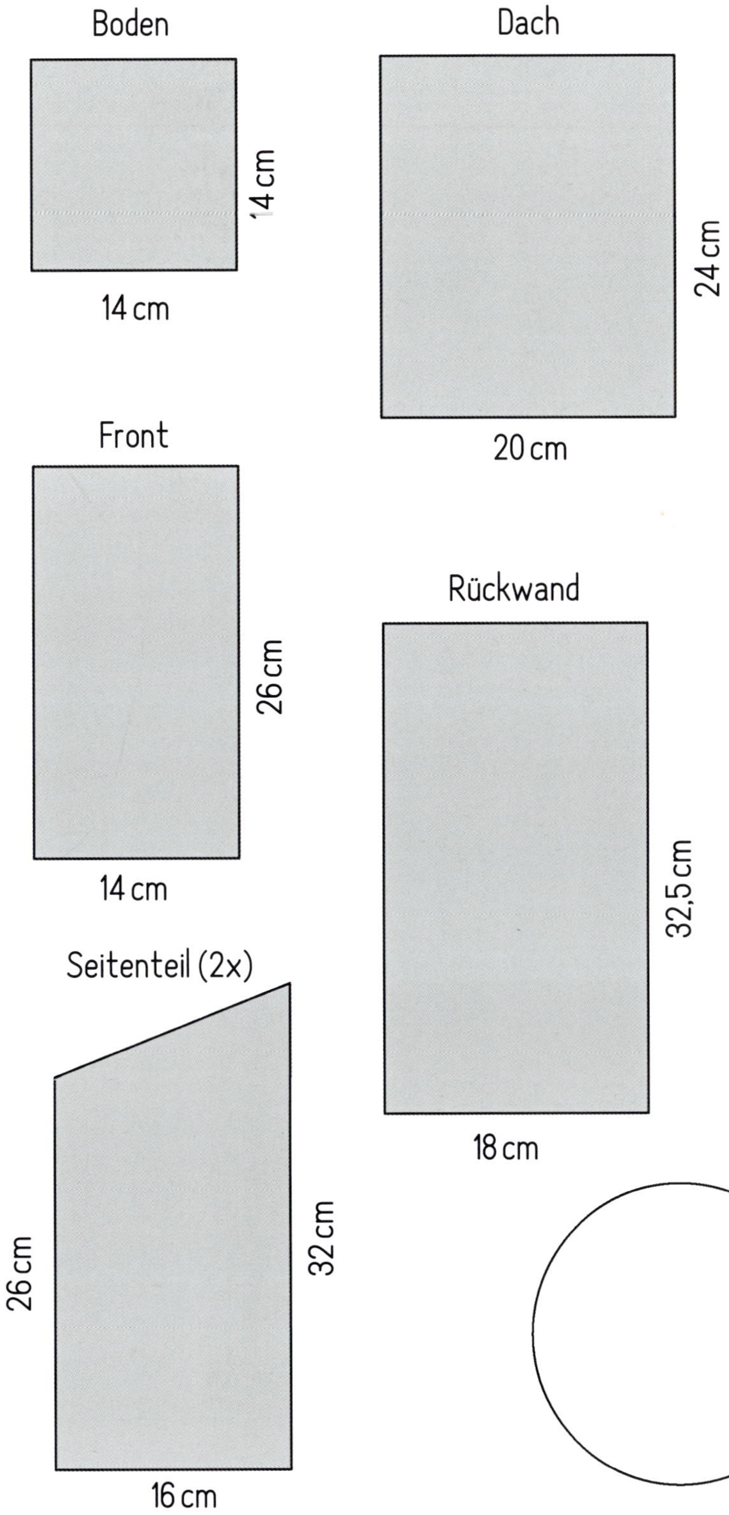

Boden

14 cm

14 cm

Dach

24 cm

20 cm

Front

26 cm

14 cm

Rückwand

32,5 cm

18 cm

Seitenteil (2x)

26 cm

32 cm

16 cm

Nützliche Samentüten
Seite 46

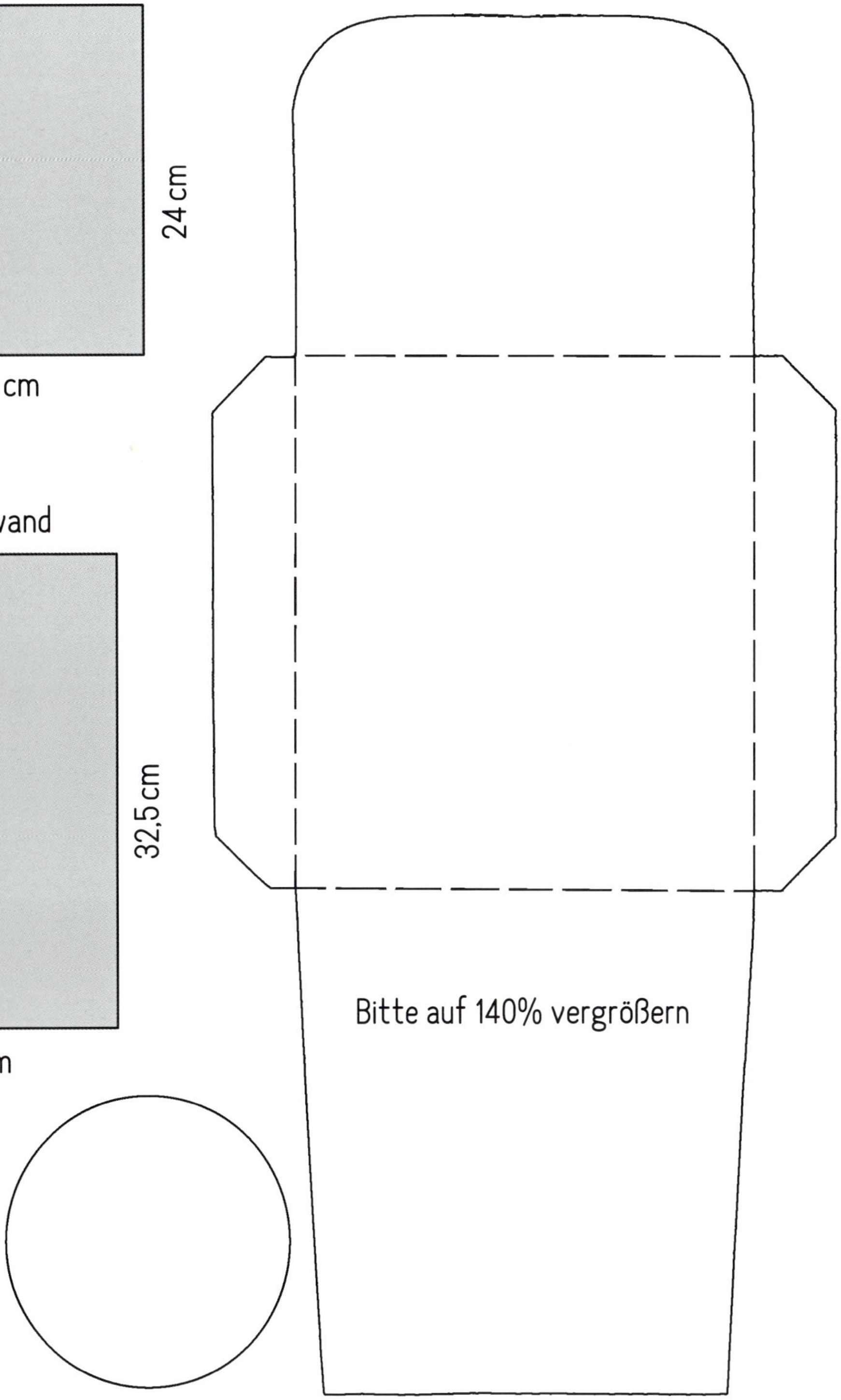

Bitte auf 140 % vergrößern

Bitte auf 130% vergrößern

0,5 cm

2,5 cm

2 cm

Querschnitt
Rechteckleiste

Fledermauskasten
Seite 92

4 / 7 cm

10 cm

C

C

D

38 cm

32 cm

B

46 cm

26

30

A

34 cm

30 cm

A = Front
B = Rückwand
C = 2x Seitenwand
D = Dach

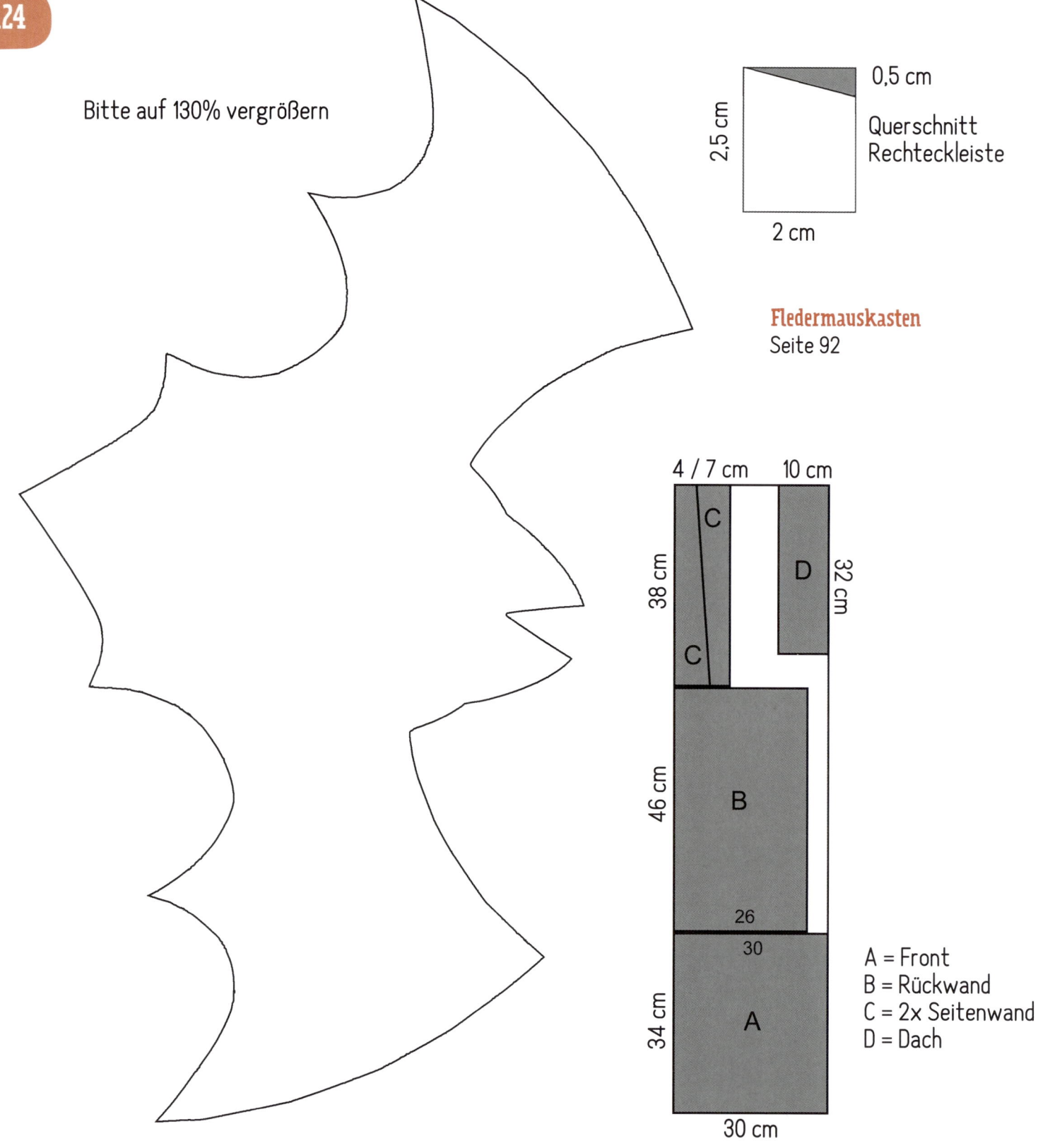

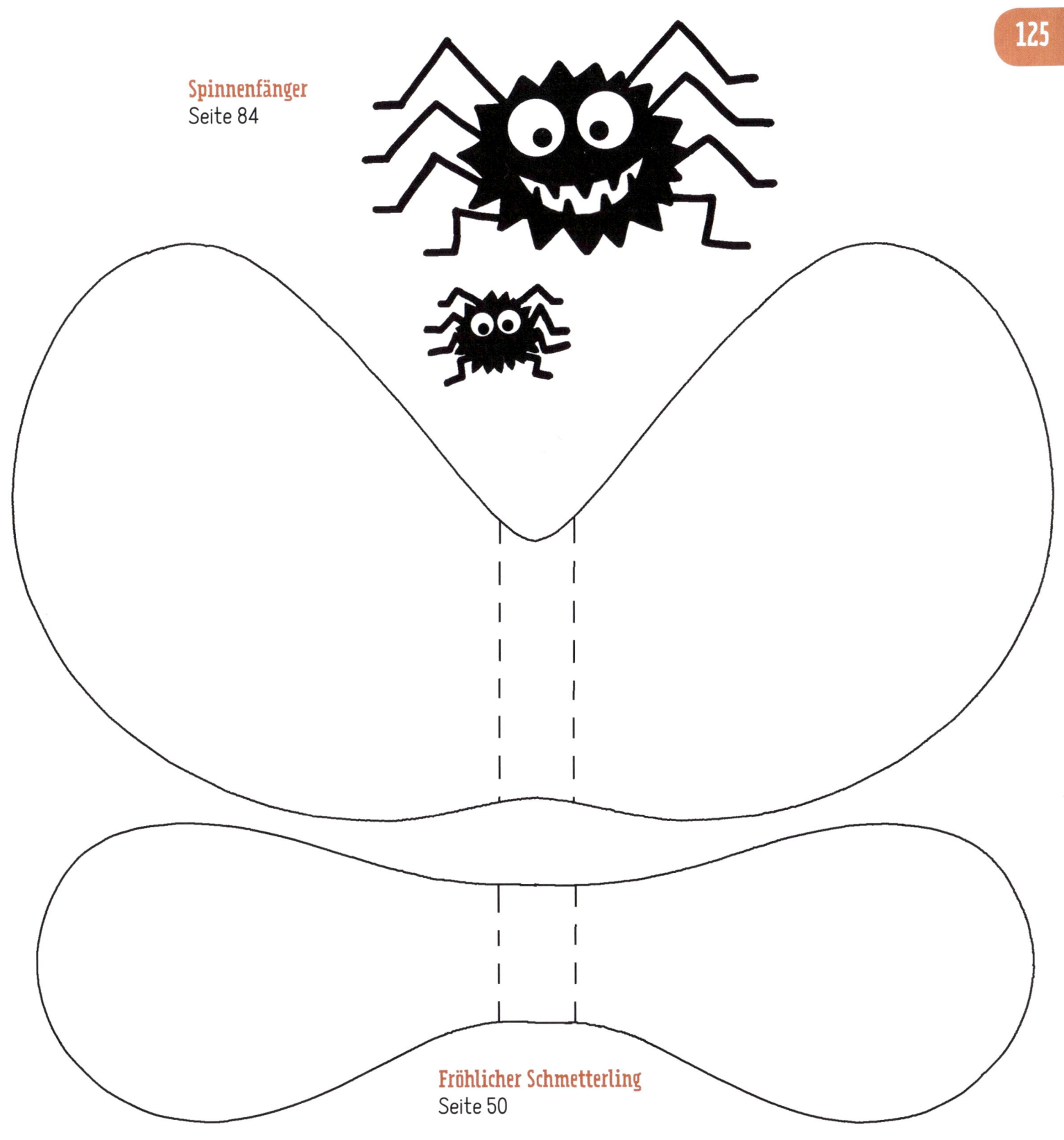

Spinnenfänger
Seite 84

Fröhlicher Schmetterling
Seite 50

Buchtipps für dich

ISBN 978-3-7724-7954-0

ISBN 978-3-7724-7955-7

ISBN 978-3-7724-7876-5

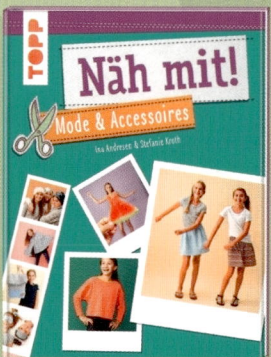

ISBN 978-3-7724-8419-3

ISBN 978-3-7724-7849-9

ISBN 978-3-7724-7496-5

ISBN 978-3-7724-7835-2

ISBN 978-3-7724-7875-8

Ihr habt Fragen? Besucht uns auf Facebook!

Uns, unsere Autoren, Bücher, Sets und viele, viele Inspiratonen gibt's nicht
nur auf Events und in Buchhandlungen, sondern natürlich auch online:

 www.TOPP-KREATIV.de

 www.YouTube.com/Frechverlag

 www.TOPP-KREATIV.de/Newsletter

 www.Instagram.com/Frechverlag

 www.Facebook.com/Frechverlag

 www.Pinterest.com/Frechverlag

Die Autorin

Susanne Pypke arbeitet als freie Lektorin und Kreativ-Autorin im Stuttgarter Westen. Ihre Leidenschaft für das Selbermachen hat sie schon früh entdeckt. Nichts war schöner, als an Regentagen zu basteln, in Mamas Nähkästchen zu kramen oder die Gerätschaften in Papas Werkstatt auszuprobieren. Ihr Können setzt sie bis heute in zahlreichen DIYProjekten um. Ein kleiner Ausschnitt davon ist auf ihrem Kreativblog fraeuleinfloh.blogspot.de zu sehen.

Urkunde und Forscher-Karten ausdrucken

Die Urkunde und die Karten kannst du dir nach erfolgter Registrierung unter www.topp-kreativ.de/digibib downloaden und mit deinem Namen ausdrucken. Lass dir dabei von einem Erwachsenen helfen. Der Freischaltcode lautet: 18080

Impressum

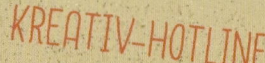

KREATIV-HOTLINE

Hilfestellung zu allen Fragen, die Materialien und Bücher zu kreativen Hobbys betreffen:

Frau Erika Noll berät Sie.
Rufen Sie an oder schreiben Sie eine E-Mail!
Telefon: 0 50 52 / 91 18 58*

*normale Telefongebühren
E-Mail: mail@kreativ-service.info

MODELLE UND TEXTE: Susanne Pypke

Fotos: frechverlag GmbH, 70499 Stuttgart; lichtpunkt, Michael Ruder, Stuttgart (alle Modellfotos); Susanne Pypke, Stuttgart (S. 24 alle, S. 43 Kohlweißling, S. 64 Schrittfoto, S. 77 Schwebfliege, S. 86 Schrittfoto, S. 103 Regenwurm, S. 106 Eidechse, S. 110 Schnecke); Hermann Dieckmann, Barmstedt (S. 21 Biene, S. 25 Wildbiene, S. 36 Schwebfliege, Wespe, S. 43 Tagpfauenauge, S.63 Sperber, S. 76 Ohrwurm, Schwebfliege, Marienkäfer, S. 82 Kreuzspinne); Shutterstock: D-Krab (Waben im TOPP-Logo), S. 63 Miroslav Hlavko (Steinmarder), S. 63 Menno Schaefer (Eichhörnchen), S. 72 Svetlana Turchenick (Eichhörnchen), S. 76 Cornel Constantin (Florfliege), S. 83 PK289 (Spinne), S. 88-89 Wstockstudio, S. 90 Beth Ruggiero-York (Fledermaus oben), S. 96 Miroslav Hlavko (Igel); Istock: Akabei (Cover Garten), S. 18-19 bgfoto, S. 22 Ivan Marjanovic (Waben), S. 43 Gaschwald (Taubenschwänzchen), S. 43 Sebastien-Coell (Admiral), S. 54 Kerrick (Vogelnest), S. 63 UrosPoteko (Katze), S. 90 vectorarts (Fledermaus unten), S. 97 Jaroslav Frank (Igel), S. 107 pilipenkoD (Blindschleiche)

ILLUSTRATIONEN: Sandy Thißen (alle Tiere); Flaticon: Icon made by Freepik from www.flaticon.com (Blume und Weltkugel); Creativemarket: Blixa6studios (Hintergrund Inhalt/Materialzettel); freepik (alle anderen)

KONZEPT UND PRODUKTMANAGEMENT: Janina Dieckmann

LEKTORAT: Christine Schlitt

LAYOUT UND SATZ: Tatjana Ströber

DRUCK UND BINDUNG: Livonia Print SIA, Lettland

1. Auflage 2019
© 2019 frechverlag GmbH, Turbinenstraße 7, 70499 Stuttgart
ISBN: 978-3-7724-8423-0 Best.-Nr. 8423